安保研リポート選集

手にしたい〝真心の政治〟

監修　浅野勝人

安保研リポート選集

手にしたい〝真心の政治〟

装丁　柴田淳デザイン室

目次

萬葉板画　作：宇治敏彦

はじめに① 手にしたい〝真心の政治〟

安保政策研究会理事長　浅野勝人

安保研リポート創刊50号――ただただ感謝！

国会議員を引退したのを契機に「一般社団法人：安保政策研究会」を立ち上げたのは、2011（平成23）年6月2日のことでした。外交・安保・政治の現場で活躍したOBたちが語り合えるサロンのつもりでスタートして以来、12年9か月が経過した勘定になります。気楽な集いとはいえ、安保研はアジア太平洋地域の平和と繁栄に資する調査・分析（定款3条）を目的としたシンクタンクですから、日本記者クラブで続けてきた月1回の例会（研究会）は、勢い真剣な議論の場となりました。研究会は96回を重ね、外交・安保政策の論客ぞろいのメンバーが研究の成果を発表する場となった「安保研リポート」も、今回、記念となる

50号の発刊を達成いたしました。発足当時の顔ぶれのうち、最初に相談してシンクタンクを立ち上げた盟友の杉浦正章氏（時事通信・ニューヨーク、ワシントン特派員）が体調を崩して例会に参加できないのが無念でなりません。加えて理事を引き受けてくださった東京新聞論説主幹・宇治敏彦氏（萬葉板画の制作者）、参議院議員、総務副大臣・山﨑力氏、毎日新聞ベテラン政治記者・尾崎三千夫氏が帰らぬ人となりました。ただ、折々に新たなメンバーを迎えて、みんなそろって元気いっぱい頑張って来られたのが何よりの幸せと思っております。

そして、これまで継続してこられたのは法人賛助会員のご支援のおかげです。ご自身や企業にとって直接役立つ調査・研究ではないにもかかわらず、安保研を理解して、広い立場からシンクタンクを育てていただきました。感謝のことばもございません。

加えて12年間余、数百本の安保研リポートにレベルの高い評論を原稿料無料で書き続けてくれた仲間の方々の献身の賜物《たまもの》です。どれほど感謝しても感謝しきれません。

アナログ大統領の誤算→ウクライナは負けない

50号という節目のレポートですから、思い入れのあったテーマ2～3編を選び、もう一度、顧みるのをご容赦いただきます。

ロシア軍が不法侵入してウクライナ戦争が勃発した直後に「アナログ大統領の誤算　ウクライナは負けない」を掲載しました。1週間で首都・キーウが陥落して、1ヶ月でウクライナ全土が占領されると予測されていた折の評論ですから、見当はずれではないかと指摘されたのはもっともでした。あれから1年9か月が経過しました。単に反ロシア感情だけで強調したのではありません。

ウクライナ戦争は戦車や大砲、歩兵の数にミサイルを加えた従来型の戦術、戦略から、歴史が体験したことのない「サイバー技術、ＩＴ・情報技術が重要な役割を果たす戦争」になると予測したからです。ウクライナにはアメリカやイギリス、ドイツの先端情報産業の下請企業が無数にあって、強い絆で結ばれていることと無縁ではありません。案の定、ロシア軍は侵攻すると真っ先に主な通信施設を破壊して、ウクライナ軍の相互連絡を絶つ作戦を展開しました。ところが、アメリカ政府からの事前情報に基づいて、あらかじめロシア侵攻に備え全土を衛星インターネットでカバーしていました。ですから小さな端末が一台あればどこからでも人工衛星を経由して接続できます。誰も見ていないと思って、ブチャで拷問、虐殺、略奪の限りを尽くしたロシア兵の戦争犯罪は、実は上空から丸見えで記録が残っています。11回試みたと云われるゼレンスキー暗殺がことごとく失敗に終わったのも得心がいきます。これは一つの事例に過ぎず、他にいくらも理由はありますが、見出しでプーチンをアナログ大統領と名付け、ウクライナは簡単には負けないと判断した主な背景です。そもそも第2次世界大戦でナチスを打ち負かした勇猛果敢なソ連軍の主力部隊はコサック兵だったというのは有名です。コサックはウクライナ民族の別名でもありますから、「コサックは負けない」と表現した方がより適切だったかもしれません。

ウクライナがNATOに加盟するのを阻止するために戦争を仕掛けた結果、中立国のフィンランドとノルウェーをNATOに追いやり、中央アジアを含む同盟国の離反を促したプーチン戦略については、ロシア弱体化の序曲という指摘が正解と思われます。

23年前、2000年9月4日、天皇・皇后両陛下が、来日したプーチン大統領夫妻を午餐にお招きになりました。5月に就任したばかりのロシアの大統領、初の公式訪問です。河野洋平外務大臣と一緒に私ども外務政務次官夫婦も招かれ、2時間食事を共にしました。ウラジーミル・プーチンは頭のよさそうな穏やかな中年で、どちらかと云うと印象の薄い人でした。家内もプーチン夫人（のちに離婚）はよく覚えているが、プーチンの表情は思い出せないと申しております。いまTVの画面で視るプーチンは、狐の生まれ替わりのような薄気味悪さを感じさせ、印象は強烈です。別人になったのだと思います。

16年前、2007年6月、外務副大臣の折、ダマスカス（シリアの首都）へ派遣されてアサド大統領と会見し、経済援助案件について協議しました。ロンドンで眼科医をしていたバシャール・アサドは、大統領だったお兄さんが交通事故で亡くなったため、急遽、呼び戻されて第6代大統領に就任した変わった経歴の政治家です。会談のあと公邸に招いてお茶の接待をしてくださり、「ロシアに偏《かたよ》らず、アメリカとも仲良くしたらいかがでしょう」と踏み込んでも、嫌な顔はしませんでした。終始にこやかでやさしい人柄と見受けた〝いい思い出〟です。ところが、長引くシリア内戦で、ロシア軍と組んで反体制派地域の無差別爆撃・虐殺を指揮するアサド大統領の表情には、あの時の面影の欠片《かけら》もありません。

権力を恣《ほしいまま》にする長期政権は、人を変えます。

ウクライナのゼレンスキー大統領ですが、歴史教師がひょんなことから大統領になってしまうテレビ・ドラマ「国民の僕《しもべ》」の主役を演じたコメディアン、今流で言えば「お笑いタレント」が、本物の大統領になった摩訶不思議なオトコです。世界に類例のない傑物と見受けます。中国の周恩来首相に会った経験のある政治家OBただ一人の生き残りとなった私にとって、会ってみたい唯一の政治家です。

憲法9条改正私案

憲法9条2項に「陸海空その他の戦力は、これを保持しない」とあります。この部分を削除して「自衛のための戦力は、これを保持する」と置き換える。あとは現行のままとします。ですから「国権の発動たる戦争は、永久にこれを放棄する」（1項）1項の担保として「国の交戦権はこれを認めない」（2項）は残します。戦力不保持を削除して、自分の国を守るための自衛隊の存在、維持、存続を明記する。「政府の行為によって再び戦争の惨禍が起こることのないようにすることを決意した」憲法前文を踏襲します。理屈をこねずに平和主義を貫き、同時に自衛隊は戦力ではないとウソを規定した憲法を是正します。そして集団的自衛権の扱いについては、国内法に委ねます。コレが憲法9条改正「浅野私案」です。うん十年あれこれこねまわし、考えあぐねた末の結論です。

自衛隊は、国家存立の根幹です。世界第8位（2023 Military Strength Ranking by Global Firepower）の戦力を保持している自衛隊を「陸海空その他の戦力」には当たらないという強弁は通用しません。詭弁です。小学生に説明のつかない虚構の存在、根本的な自家撞着《どうちゃく》は憲法そのものを否定します。憲法制定当時は矛盾していなかったという弁明は、現在は矛盾していると認めているようなものです。自民党事務局・国会対策のプロ、保科弘ＯＢは浅野私案を読んで「現実に即して簡単明瞭。根本理念に変わりはない。コレなら全ての政党に支持される」と評価してくれました。保科さん！「政党」を「国民」と置き換えていただきたい。

中選挙区制が金太郎飴議員を開放する！

国会論議が低調で耳目を引くことが無い。政治への関心が薄れ、投票率を下げる主因となっているのは国の未来にとって嘆かわしい。あの頃、社会党の石橋、楢崎、大出トリオが安保論議で佐藤栄作首相を追い込む迫力はNHK衆議院予算委員会の中継に人々を釘付けにしました。近年、議員がおしなべて、どこを切っても同じ顔が出てくる金太郎飴になってしまったのは、個々の議員の資質というよりも選挙制度のせいではないか、現行制度になってから際立つ現象だと指摘されています。

衆議院の小選挙区制は各選挙区当選者が1人のため、政党から公認されない限り当選はおぼつかないのが実情です。従って政党の公認権が絶大な権限を持ちますから、自民党議員を例に挙げれば、政府・党首脳の顔色をうかがって自己規制しがちになります。ですから自ずと自由闊達な気風がうすれて発言は右へ倣《なら》えとなりがちです。

小選挙区比例代表制は、民意のより正確は反映に問題はありますが、世界各国に類例の多い選挙制度です。最悪なのは惜敗率の順に落選者を復活当選させる「落選候補者救済特別措置」を連動させている点です。激戦を僅差で勝ち抜いた議員が衆議院本会議に出席してみたら、反対側の議席に落選したゾンビ議員が座っているのはマンガです。

私の調べた範囲では、イタリアで20世紀末から世紀をまたいで、小選挙区で落選した候補者を比例区で復活当選させる選挙制度が実施されていますが、有権者から「なんのための選挙か、選挙の意義が失われる」と痛烈な指弾を浴びて、２００５年に廃止しています。主要国ではほかに「ゾンビ議員システム」はみつかりません。やはり、国会の権威を傷つけ、民意を無視する「衆議院議員失業対策」付の現行制度の改正は、喫緊《きっきん》の最重要政治課題です。

もうひとつ、中選挙区（当選者が複数）が有権者の民意（得票数と議席数）を比較的正確に反映するのと異なり、小選挙区（当選者1人）は概ね2大政党のうち勝った方の議席が得票率の2倍程度、負けた方の議席は得票率の1／2程度になります（三乗比の法則）。勢い死票が多くなる。

★44回総選挙（2005年）――小泉内閣〈比例区獲得議席を上乗せ〉
＊自民党　得票率 48％ ↓ 議席数 73％（219議席）
＊民主党　得票率 36％ ↓ 議席数 17％（52議席）

見事に法則通りの結果が出ています。これほど民意がぶれては、とても正確に世論を反映しているとは申せません。確かに政権交代の可能性を高めますが、こんないびつな形での政権交代は、まともな政治現象とは申せません。有権者の70％がダメ出しをしている制度は是正するのが政治の務めです。かねて、「惜敗率付小選挙区比例代表並立制」を廃止して、「定員3人の中選挙区制」を新設するのがベターと主張し続けている主な理由です。政治が取り組む最優先順位の課題と確信いたします。（2023年11月23日 記）

〈註〉各自の肩書・経歴は、元職を含む。

（あさの・かつひと　安保政策研究会理事長、内閣官房副長官、外務副大臣、NHK解説委員、北京大学特任講師）

はじめに②　若干の自伝的想い出、そして「非戦」へのこだわり

柳沢協二

老後の幸福論

私が「浅野安保研」に参加させていただいているのは、自分の思想を発信するという自己実現の場であるからだ。人生の充足とは、過去において何かを成し遂げたからでも、今、物事が思い通りになるからでも、将来の心配がないからでもない。自己があり、発信する場があるからだと思う。

ちなみに、日本国憲法第13条に「幸福追求の権利」がうたわれているが、それは、「幸福になる権利」ではない。財力や身体的能力に限界があっても、人としての自己実現を追求する権利のことだ。２０１４年に政府が決めたように、政府が集団的自衛権を行使することの

論拠ではない。まして、無差別殺人やネットの誹謗中傷のように、他者の自己実現を阻害するゆがんだ方法を認めることでもない。

いつまで生きるか、根拠のある自信がない私としては、「とりあえず3年」を目標にしている。それは、1000日しかないということだ。だから、やれることは限られていても、面倒を厭わず、日々を丁寧に過ごしたいと思っている。

面倒なことを進んでやるとき、人はそれを道楽という。原稿を書くことも傍から見れば道楽だが、会の運営という最大の面倒を引き受けておられる浅野理事長に、そして安保研の諸先輩、それを許してくれている家族に、あらためて感謝したい。

内にいて外からの視線

私の政府批判は、今に始まったことではない。09年に退職し、鳩山政権の普天間基地移設問題をめぐる混乱を見ながら「抑止力批判」を展開した。菅直人政権の中国漁船船長拘留と釈放、野田政権の尖閣国有化にも異論を唱えた。

そして、安倍政権の集団的自衛権容認に疑問の声を上げ、その後、安倍政権の政策に反対の立場で発信してきた。「安倍さんのおかげで老後の生き甲斐ができたね」という人もいた。だが、誰であっても、ダメ出しするテーマに事欠かなかったと思う。

私の官僚体験を通じて大きな収穫となったのは、組織のうちに居ながら外からの視線を持つ態度だった。私は、防衛庁広報課長を3年間務めた。広報に代々伝わる格言は、「広報の敵は内部」にあること。広報（PR）とはPublic Relationship＝世間との交流であって、都合のいいことを発信することではない。内部は、不祥事を隠したがる。だから広報の敵なのだ。隠せばそれが新たな不祥事となる。悪い情報は役所のしきたりにとらわれず早くトップに伝え、早く公表する。記者クラブが怖いのではなく、その背後にいる読者・視聴者が怖いのだ。それが究極の組織防衛であると確信していた。

０４年から０９年にいた官邸では、政権の視点で省庁の仕事ぶりを眺めることになった。官僚が、ときに省益のための言い訳に走るのを実感することもあった。特に、小泉政権が退場して政権が不安定になった時期である。物事がうまく行かないときほど自己保身の傾向が強まる。だが、総理大臣は言い訳できない。すべての責任を負うからこそ、孤独であり、チームとして支えなければならない。

無論、失敗もあった。野党やメディアの追求に答えるのが総理の仕事だとすると、与党幹部や関係先に謝罪するのは私の仕事であった。手に余るところは、官房長官や麻生政権時の浅野先生（安保研理事長）はじめ政務の副長官にお願いしていた。

政軍関係の実地勉強

私の立場は、安全保障・危機管理担当であった。そこでは、自衛隊と政治の橋渡しが重要な仕事となった。自衛隊の能力には、法的・物的限界がある。一方、政治の要請は、ときに曖昧であり、現場任せになることがある。双方の認識の違いを埋めることが、私の最大の存在理由であると心得ていた。出動した部隊が疲労してくると、撤収を政治家に進言した。イラク派遣部隊には、全員無事で帰ってくることが官邸の意思であり、無理をしないように、私の責任で伝えていた。

福田政権時の洞爺湖サミットに関連したハイジャック機の警戒問題では、誰がハイジャック機の撃墜を命じるかが話題となった。私は、引き金を引くのはパイロットだが、総理が刑事上の責任を問われることになると進言した。「頭づくり」に過ぎない話だが、民間機を撃ち落としてもいいという法律はないし、これからもできないなかで、誰かが責任を取らなければならない。

政軍関係には、こういう問題が付きまとう。だから政治家には、軍事マニアではなく、軍事の知識と政治責任を学んでほしいと思う。

イラク戦争という教材

私が退職後にしたいと思っていたことは、イラク戦争の分析だった。日々の仕事に追われる現役時代にはできなかったことだから。

イラク戦争開戦当時、防衛研究所長だった私は、大量破壊兵器の排除という「大義」の戦争を支持していた。だが、大量破壊兵器は存在しなかった。G・W・ブッシュは、「嘘をついたのではない。皆が間違えただけだ」と弁明し、小泉純一郎首相は、「イラクが大量破壊兵器の不存在を証明しなかったからだ」と国会で答弁した。多くの政府関係者は、「サダム・フセインという独裁者を倒したことはよかった」と感じていた。だが、大量破壊兵器が存在しなかったということは、そのために戦われた戦争は無駄な戦争だったということだ。世の中には、無駄な戦争があるというのは、私にとって大きな「発見」だった。

戦争が無駄だったとすれば、戦争に伴う犠牲も無駄死にということになる。これは、何とかしなければいけない。

イラクへの自衛隊派遣は、私の最大の仕事であり関心事だった。派遣されたサマーワと、クエート～バグダットを結ぶ空路は、「非戦闘地域」とされていたが、宿営地への砲撃や、対空ミサイルの脅威があった。自衛隊は、一人の戦闘犠牲者を出すこともなかったが、何人か犠牲になっていても不思議ではなかった。

そのとき、自衛隊派遣を命じる閣議決定文書の起案者であった私は、犠牲となった隊員のご両親に何を言えたのだろうか。「申し訳ない」としか言いようがなかっただろう。官僚的な言い訳は可能だったと思う。「万全の対策をとっていた」「運が悪かった」など。しかし、それでは、亡くなった人は浮かばれない。

戦争とは、大切な人を失うリスクを誰かに背負わせることである。そこに、人としての葛藤が生まれる。だから私は、失われる命に対して臆病でなければならないと考える。戦争に必要なものは勇気であり、保身のための臆病は軽蔑に値する。だが、犠牲への想像力を欠いた勇気は、国を誤らせる元になる。

イラクに派遣された延べ1万人の自衛隊員のうち、40人以上が自殺したと言われている。これは、毎年の自衛隊全体の自殺者約60－80人と較べて、突出した比率である。イラク・アフガニスタン戦争から帰還した米兵についても、人格障害や自殺者の多発が問題視されている。恐怖体験は、PTSDとなる。米兵の場合、実際に人を殺した体験や、仲間を救えなかった後悔が、生きることへの罪悪感をもたらす。戦争は、戦場だけでは終わらない傷を残す。

「英霊」と非戦へのこだわり

ウクライナで多くのロシア兵が死んでいる。V・プーチンは、死んだ兵士の母親に向かって、「人はいつか死ぬ。ロシアでは、交通事故・アルコールで3万人死んでいる。だが、あなたたちの息子は目的を達した。その人生は無駄ではなかった」と語った。（22年11月26日朝日新聞）

死ぬことで達成される人生目的とは、すなわち「英霊」となることだ。それを権力者が語るとき、他者の人生を自分の道具とみなす驕りがある。権力者が正義を語ることほど危ういことはない。人生の目的を自分で決めることこそ、人として生きる原点である。だから私は、非戦にこだわる。

戦争は国家の行為であり、政治の選択である。その政治を国民が選択することができる制度を持った日本は、やはり幸せなのだと思う。

自衛隊には防衛や災害救援で頑張ってほしいとだれもが思う。だがそれは、国民にとって苦難のときである。だから、自衛隊が進んで戦争を求めることはないし、あってはならない。それは政治が決めるべきことだ。その政治の選択は、国民に跳ね返る。それゆえ私は、一人の国民として、戦争とは何かを考える。政治を誤らせない最後の拠り所は、国民なのだから。

（2023年11月23日　記）

（やなぎさわ・きょうじ　安保政策研究会常務理事、防衛庁官房長、内閣官房副長官補、国際地政学研究所理事長、自衛隊を活かす・21世紀の憲法と防衛を考える会代表）

自民党に逆風
派閥裏金事件と政治の危機

菱山郁朗

30年ぶりの政治改革国会

辰年は「政乱の年」と言われ、戊辰戦争、ロッキード事件、リクルート事件が起きている。昨年末東京地検特捜部が、強制捜査に着手した自民党派閥の裏金事件は、差配していた安倍派幹部らは起訴されず、安倍、二階、岸田三派の議員、会計責任者ら8人を起訴して、捜査は終了した。

1月26日に召集された通常国会は、首相の施政方針演説前に衆参の予算委で、「政治とカネ」の集中審議が行われる前例のない展開となり、野党側は自民の派閥が資金集めパーティ券の売り上げの一部を、裏金にしていた事件をめぐって、政府自民を厳しく追及した。キックバックをしていた議員は、安倍派が突出して多く、組織的、計画的に長期に亘って、政治資金規正法の収支報告をせず、裏金作りをしていた犯罪行為で、政治不信を招いた自民の責任は、極めて重大で国民から厳しい目が注がれている。岸田政権は、果たして自浄能力を発揮することが出来るのか。

政治改革をめぐる論戦の最大の争点は、野党側が求める企業団体献金の禁止やブラックボックスと言われる政策活動費の透明化、連座制導入などの政治資金規正法改正及び訴追を免れた安倍派幹部や二階幹事長らの政治的道義的責任である。事件の背景には、自民の金権腐敗体質、政治家のモラル喪失、長期一党支配による権力の驕りや緩みがあり、戦後最悪の不祥事と言えるだろう。最大派閥安倍派を崩壊させたが、10年に及ぶ安倍一強政治の下で安倍は、チルドレンに「選挙に勝つことだけを考えろ」と指導し、勝てるタイミングを狙っては、解散権を行使し、一強体制を盤石にした。パーティ券の錬金術が、安倍長期政権を支えていたとも言える。

甦ったリクルート事件

今回の事件はきっかけが「しんぶん赤旗」のスクープ、未曽有の政治不信、自民の長期権力の驕り、検察の大がかりな捜査などの共通点を見るにつけ、36年前のリクルート事件を想起させる。政府自民の多数の有力者や財界、官界トップらが、「濡れ手で粟」の大儲けをしたもので、贈賄側のリクルート江副浩正や収賄側の政治家、官僚ら多数が逮捕起訴された。バブルに浮かれ、拝金主義が横行した頃に起きたこの事件には、苦い思い出がある。

３０４議席を有し、竹下総裁・安倍幹事長体制の自民は、消費税導入のための臨時国会を召集、その矢先に朝日が「リクルート関連企業の未公開株が、政治家らに大量にばら撒かれた」とスクープした。野党の一部にも渡っていたことが分かり、国会での疑惑解明は不発に終わる。

当時野党クラブキャップだった私は、蝉の鳴く声を聞きながら国会の廊下を歩いているとポケベルが鳴った。連絡すると「楢崎弥之助議員が会いたい」とのこと。「爆弾男」の異名をとる彼とは、博多の自宅を訪ねたこともある旧知の間柄だった。

事務所を訪ねると「俺も舐められたもんだよ！」リクルートから賄賂の申し込みを受けていた、衝撃的な事実を打ち明けられた。そして「証拠が欲しい、協力してくれないか」との依頼を受けた。上司に相談した結果、議員宿舎にカメラを設置し、密室での贈賄工作の現場を撮影することになった。

楢崎がリクルート江副浩正を告発会見した日、夕方のニュースで隠し撮りビデオの生々しい映像が放送された。これを受け検察は強制捜査に着手し、疑惑は事件となった。これに或る大手新聞社の主筆は、「日テレは余計なことをした！」と激怒し、問題のビデオは地下倉庫に封印された。

政治改革大綱は生かされず

リクルート事件をきっかけに政治改革を求める声が高まり、危機感を強めた自民は後藤田正晴らが中心となり、政治改革大綱を党議決定した。大綱は「政治倫理の確立」、「政治資金の透明化」、「党改革の断行」などを謳い、派閥の弊害除去、解消への決意、資金パーティの自粛、総裁・幹事長・閣僚らの任期中の派閥離脱を明記している。これらを実行に移していれば今度のような不祥事は、起きていなかっただろう。

しかし、その後も金丸脱税事件が起き、自民が分裂。細川連立政権で小選挙区制、政党助成制度が導入され、6年越しの政治改革論議はひとまず終わった。だが、企業団体献金と公費助成の共存など矛盾点を残し、ザル法と言われる政治資金規正法も抜け道だらけだった。小選挙区制を活用した自民は、小泉や安倍が大量のチルドレンを生み、政治改革の申し子とも言えた民主党は、統治能力の欠如や内紛など政権担当・維持能力を欠いたため分裂・自滅した。

政治改革で目玉となった小選挙区比例代表並立制は、「政権交代を可能とする選挙システムであり、それによって二大政党制が実現し、政治にダイナミズムと緊張感を与える」というのがセールスポイントだった。確かに09年に民主党への政権交代を実現させたが、その一方で執行部に公認権、政治資金が集中するため、「モノを言わぬ風任せのチルドレン」の大量生産や、重複立候補制で復活当選するゾンビ議員が激増し、有権者の批判を浴びた。現行制度をトップ会談で決めた細川・河野は、「議論は生煮えで小選挙区制は、政治の劣化を招き、失敗だった」と表明する。派閥権力闘争に明け暮れながらも、活発な議論が繰り返された、中選挙区制度への回帰を求める声がある。

危機感足りぬ岸田政権

裏金事件は岸田政権を直撃し、岸田は自らを本部長とする政治刷新会議を立ち上げ、党内議論を開始した。急ごしらえで取りまとめた中間報告で、派閥は「カネと人事」から「完全に決別する」と明記した。そして岸田は中堅若手の求めに応ずる形で唐突に岸田派（宏池会）を解散すると表明した。これに安倍、二階両派は直ちに同調し、森山派も足並みを揃えたが、岸田を支えてきた麻生派は、政策集団として存続を表明した。茂木派は当面存続するとしたが、小渕優子選対委員長や青木一彦らが退会、自民党の統治基盤であった派閥が崩壊し、機能不全となれば、元々派閥連合体であった自民は、これからどうなるのか、自民の溶解現象が始まった。

岸田自身が12月まで派閥会長の座にありながら、事件への批判の高まりを受けて、辞めたはずの派閥の解散をいきなり打ち出したのは、追い込まれたための窮余の奇策だった。しかし、派閥解消は昔からの古いテーマで、今回も厳しい批判をかわすための「目くらまし」であり、何度もくり返された「偽装解散」だろう。事件の本筋は政治家の「モラル喪失」や「政治とカネ」のもっと根深い問題であり、派閥の解消で解決出来ることではない。数多の自民議員が、私腹を肥やす明白な違法行為を、堂々と続けて来た悪質さであり、彼らは今日本の政党政治を危機に陥れている。「信なくば立たず」の訓言を何度くり返せば良いのか。

2月4日投票の群馬県の前橋市長選挙は、四期目を目指す自公推薦の現職が、立憲など野党が推薦した無所属新人女性候補に敗れた。群馬県は小渕選対委員長のおひざ元であり福田（赳夫）、中曽根、小渕、福田（康夫）の4人の首相を輩出、小選挙区は全員自民の保守王国だ。裏金事件がもろに直撃したことは明らかで、自公両党に大きな衝撃を与えている。前橋ショックが今後の政局に与える影響は小さくない。4月28日には衆院島根3区、長崎3区、東京15区で補選が行われるが、結果次第で支持率低迷の岸田政権は、窮地に立たされるだろう。

岸田は政治改革について「火の玉になって取り組む」とか「国民の政治への信頼なくして政策を推進することは出来ない」と口では言うが、国会の質疑では「検討する」「議論する」をくり返すばかりで、指導力を発揮する姿勢は、見られない。危機感が足りないのではないか。

「1強多弱」許す非力な野党と政治の危機

今回の裏金事件に国民は怒り心頭だが、それなら「野党に任せよう」という声は、聞こえて来ない。立憲は「政治改革をテーマにミッション型内閣を！」と提案したが、共産以外はそっぽを向いた。外交・安保・憲法・原発など基本政策の不一致と権力奪還への覚悟と意欲の欠如、リーダー不在、相互信頼関係の決定的欠如が原因だ。

８９年のリクルート政局の時、社会、公明、民社、社民連の四野党党首は、明治維新ゆかりの地京都で会談し、自民に代わる連合政権を作るための協議会設置で合意した。これは初めてのことで、政策責任者が顔を合わせたが、結局社会が基本政策をめぐって指導力、調整力を発揮できず、連合政権は幻に終わった。

自民に反省を求めるなら、政権交代して政治の流れを変えるしかないのだが、小選挙区制の下で野党が候補者を一本化出来ない現状では、自公政権が固定化され、長期政権の驕りがまた不正を引き起こすという悪循環が、永久に続くことになる。

「政乱」の年の今年は、元旦早々の能登半島大地震から始まり、秋には米大統領選が行われ、トランプ大統領の復活が囁かれるなど、世界中が岐路に立つ重要な年だ。ウクライナ戦争は間もなく3年目に入り、中東情勢も緊張が高まっている。無派閥議員が7割となった自民は、岸田を支えて来た岸田、麻生、茂木の三頭政治が、転換を迫られ、9月の総裁選と解散総選挙をめぐる権力闘争は先行きが読めない。30年前の政治改革では、石破茂、岩屋毅、渡海紀三郎ら若手議員が決起し、執行部を動かしたが、今回そうした動きは見られない。自民は最早かつて見られた活力を失い、政党として危機的状況にある。元より派閥の解消などはちっぽけな問題であり、今の日本にそんな内向きな議論をしている余裕などない。震災・外交・安保・経済・少子化対策など、待ったなしの難問は山積している。岸田自民は先ずはこの政治改革国会で、政治改革大綱の原点に立ち戻り、「令和の政治改革」を着実に実行しなければならない。それが出来なければ、明日はない。（2024年2月8日 記）

（ひしやま・いくお　安保政策研究会理事、日本テレビ政治部長、日本大学文理学部客員教授）

なぜ行き詰った〝岸田政治〟

――政治姿勢と政策を分析

浅野勝人

前代未聞の醜態！

元旦早々能登半島が大地震に襲われ、重苦しい新年の幕開けとなりました。政治にとっても、政治献金の裏金問題をめぐって極度に緊迫した新年です。このレポートが発刊される10日後でさえ、どんな事態になっているか予測困難な政局です。政局が行き詰った際は、衆議院解散・総選挙か、内閣総辞職か、どちらかにしぼられます。

スキャンダルで政権が行き詰ったケースはいくらもありますが、概ね特定の個人ないしは法人にまつわる不祥事が原因です。今回のように事務総長として派閥を仕切っていた内閣官房長官や党国会対策委員長、参院幹事長、党政調会長が東京地検特捜部の事情聴取を受け、派閥ぐるみ、何十人もの自民党議員が連座するのは前代未聞、天変地異の醜態です。解党的出直しが求められるのは当然です。

近年、野党が弱体化して1党多弱な政治体制が続き、そのあおりで自民党内も安倍派1強のいびつな情況が延々と続きました。政治は自民党の思うようになる、自民党内は安倍派の思うようになる、勢い緊張感が欠如します。国権の最高機関の国会が軽視され、国会での議論が十分でないまま重要案件が政府・与党の恣意通りに決定される。一部週刊誌を除いてマスコミのチェックも甘い。誰からも諌められないので、すべてが思い通りになる。無意識のうちに驕《おご》りが生じる。最大派閥の「清和会」が陥った政治的背景です。各派閥の会長、事務総長の責任は重い。

その結果、内閣支持率はボトムに落ち込み、自民党の支持率も危険水域です。「他よりマシだ」と自民党に投票していた第1党の「無党派層」が、自民党に見切りをつけたら何が起きるか予測困難です。自民党は世論・有権者の不信を少しでも解いて、支持をつなぎとめるには解党的出直しの具体的方針を示して戦うしかありません。そのため、岸田首相が本部長、麻生・菅両元首相を顧問に据えて自民党政治刷新本部を発足させて改革案を取りまとめることになりました。

ところが、岸田首相は、刷新本部の議論を待たずに、各派閥に先駆けて自らの派閥「宏池会」を解散すると発表しました。誰よりも世論を重視しているという評価を狙ってのことだそうです。党総裁なら、政治刷新本部で派閥解体の決意を表明して理解を求め、喧々諤々《けんけんがくがく》の議論を経て他派閥の同意を促すのがリーダーの役割です。批判の矢面に立たされている「清和会」「志帥会」（二階派）の苦渋を尻目に、自分だけ「いい子」になって党内がまとまるのか。追い込まれた「清和会」「志帥会」が派閥解体を決めざるを得なかったとしても、何のために政治刷新本部を設置したのか不満・不平はくすぶる。政権発足以来、一貫して「自分本位の政治手法」が党内外の信頼を失墜させる原因となっています。

東京地検特捜部は、議員3人と派閥の会計責任者ら10人を立件して幕引きしました。毎日新聞政治部長は「多くの国民は、トカゲのしっぽ切りで終わるのかとあきれ、失望している」と解説していますが、検察審査会がどう判断するか、まだ事件は終わっていない。

回復が必要→公明党との信頼関係

もうひとつ、自民党には公明党との信頼関係を回復させる喫緊の政治課題があります。各選挙区で公明党の支援がないと自民党公認候補の1／3が危ういというデータがあります。

公明党が自民党の右傾化にブレーキ役を果たすことが自公連立の要諦でした。時とともに根幹が忘れられて総選挙の時だけ支え合う便利屋の関係になっています。公明党の平和主義を政治にどのように生かすかという肝心の議論が失われて、公明党が自民党の候補者を応援する地域はどこか、見返りに何を求めるか、選挙応援をめぐる駆け引きだけに終始している。

安保問題に関する公明党の存在は「癌《がん》だ」と言われて、自民党と公明党の関係は最悪の情況と見受けます。たとえ「癌」と言われても、安保政策の行き過ぎをチェックする勇気と期待が求められている自覚を取り戻さないと、公明党は故池田大作名誉会長に顔向けできません。その上で選挙協力をどうするか、自公両党で腹くくった協議が求められています。

軍事力強化政策に不信感

森喜朗元首相が率いた清和会政権が続いて安倍1強が生まれ、保守系の政治を成熟させました。そのあおりで右傾化がいささか懸念されたところ、30年ぶりにリベラルの宏池会・岸田首相が誕生して緩やかな軌道修正の期待を集めました。ところが、真逆の方向にあれよあれよと流されてしまった。安全保障関連3文書改定の内容と扱いが典型的な例となり、安倍内閣以上に集団的自衛権に踏み込んで法《のり》を超えていないか、不信感を与えました。

さらに防衛予算を5年間で43兆円に増額し、そのために増税する。予算委員会で、一人4万円のばらまき所得減税との矛盾を質されて「来年は防衛増税を見送る」と答弁するしかない。野党に論客不在だから「それなら43兆円の防衛財源をどうするのか、具体的に増税プランを示して、減税との整合性を示せ」と軍事力強化路線を追求して一貫性の乏しい政策を詰める人材がいない。安倍時代と同様、野党の力量不足に助けられていますが、予算委員会の追及は凌《しの》げても世論は敏感です。政策の面でも一貫性に欠け、国民との溝を埋める説得力に乏しいという指摘が少なくありません。

努力不足→アジア・太平洋地域の平和対策

対米協調を最重視する政府の方針に異論のある国民はおりません。人々は、北朝鮮を意識した日米韓によるミサイル防衛システムの強化は必要だと思っています。反面、ウクライナ戦争と台湾海峡有事を背景に軍事優先政策を推進している岸田首相を対米追随の防衛費増額と軍事力強化路線に迷い混んでいるのではないかと不安に思っているのも事実です。

台湾海峡の武力衝突について付言しますと、アメリカのシンクタンク・CSIS（戦略・国際問題研究所）が台湾有事で米台日3軍が中国の攻撃を阻止するシナリオをシュミレーションした結果、日米で数十隻の艦艇、数百機の航空機、数千人の兵力の犠牲が伴う。理論的には航空自衛隊の半数を失うことになると指摘しています。（安保研レポート柳沢協二論文）日本の政治家の最大の任務は、アメリカとの協調体制、連携強化を背景にアジア・太平洋地域の平和と安寧にひたすら努力することと再確認すべきです。

「選挙の年」の第1陣、台湾総統選挙（1月13日）は、野党2党の候補者一本化が破綻したあおりで中国対抗派の与党が勝ちました。ところが、与野党の得票比率は1対1・5で中国融和派がはるかに多い。その傾向は立法議員（国会議員）選挙に顕著です。中国との武力衝突を避けて、話し合いを通じて現状を維持したいと望んでいる台湾のより多くの人々を、日本は側面支援する立場にあります。そのためには中国を敵視するだけではなくて関係改善に努力することが肝要です。

半世紀前、田中角栄、大平正芳が日中国交正常化に伴う共同声明（3条）で「台湾は中国の領土の不可分の一部であるという中国政府の立場を十分理解し、尊重する」と認めたのは、中国の国内問題として中台双方が話し合いで円満に解決することを前提にしています。もちろん武力解放は断じて認めない。この方針が、ある時期から台湾有事を重視して、平和より戦闘を優先する「ゆがんだ対中警戒」にスライスしてしまった。

日本政府は、アメリカの理解を求める努力をしながら、中国と台湾の「話し合い解決路線」を先導する役割に徹するべきだと考えます。中国政府が、台湾の人々が期待を込めて眺めていた香港の一国二制度を木端みじんにつぶしたことは台湾問題の解決に大きな禍根を残しました。中国政府の誤った政策に対して日本が是正を求める努力をする。日中間の信頼関係を構築する外交姿勢は、台湾問題の平和的解決に資するだけでなく、世界から評価されます。

解党的出直しの柱＝選挙制度改革

政治を劣化させている根幹は「落選者救済特別措置（惜敗率）付き小選挙区比例代表制」に尽きると機会あるごとに指摘してまいりました。党内の合意に基づく派閥の解消＝「脱派閥」を前提に「定員3人の中選挙区制」を掲げて政治の刷新、出直しを訴えたら説得力があります。確かに政権交代の可能性を弱めますが、これほどいびつにしか世論を反映しない選挙制度の下での政権交代はまともではありません。そもそも現行の定員1人の小選挙区では主要政党から公認されない限り当選はおぼつかない。公認＝当選だから公認に尽力してくれた派閥の言いなりの政治家ぞろいになってしまう。今回の清話会がいい例です。定員3人の中選挙区なら、徒手空拳の有能な若者が無所属で立候補して信を問えます。公認を自派で確保するためのゴリ押しをなくせば、あらゆる人に政治に参加する公平な道が開かれます。それを理解して自らの政策として主張する人材を新しい総裁に選んだら如何でしょうか。

「脱派閥」とは、かみ砕いて私なりの見解を申し上げます。衆参両院選挙の公認権とポストの奪い合い、政治資金集めが主目的の現行の派閥をいったん解消する。その上で内外の重要政策や政治姿勢について、その都度、さまざまな理念の議員が集まって議論を深めて政策を磨き、党の政務調査会・部会に反映させる。自然発生的に生まれ、顔ぶれが固定化しない「議員グループ」はあってもいい。

〝脱派閥〟を実現した自民党が、選挙制度改革について党内論議を尽くして「惜敗率廃止、あたらしい中選挙区制の実現」を掲げて信を問うたら、政治を刷新するまたとない機会になります。

この際、合わせて「いい野党がいい政治をつくる」ことを目指して、鋭く果敢に論戦を挑み、世論の支持を拡大する真摯な努力を野党各党に求めます。（2024年1月20日 記）

作：宇治敏彦

やる気があれば〝容易《たやすい》〟↓参議院の女性議員〝倍増〟

浅野勝人

日本では女性の議員が極端に少ない。ＩＰＵ（列国議会同盟）の最新データ（２０２３年1月1日現在。但し日本は衆議院２０２３年8月5日、参議院２０２３年8月9日現在で比較）によると、衆議院女性議員の比率（10・３％）は世界１８６ヶ国の１６４位。参議院女性議員の比率（26・７％）は88位。衆参両院の女性議員比率（16・０％）は１３９位です。ちなみに1位はルワンダ（61・３％、49議席／80議席）、フランス35位（37・８％）、ドイツ45位（35・1％）、イギリス48位（34・５％）、イタリア56位（32・３％）、カナダ61位（30・７％）、アメリカ66位（29・４％）です。経済力豊かなな議会制民主主義国家・日本の現状です。女性議員の増加を「改革」と呼べば、地方議会では改革の兆しが明確です。

東京の杉並区議会では女性議員が過半数を占めました。（２０２３年4月23日投票）、この折、私の郷里・豊橋市議会議員選挙でも8人の女性候補者がおしなべて上位当選しました。私の住まい・横浜市青葉区では、市議会議員選挙で定員7人のうち、女性が3人当選しました。全国あちこちで話題となった首長選挙で女性市長が誕生しています。この傾向は強まるだろうと予測されています。遅れているのは国会と指摘されても抗弁しにくいのが現状です。

制度論というより政治論

実は、かれこれ2年前（2022年6月）、参議院協会（参議院議員OB・OG会、会長・宮崎秀樹）が女性の国会議員を大幅に増員する選挙制度改革を検討する「議会制度研究会」を設置しました。座長に私が選出されて、参議院に絞って女性議員を増員するための試案まとめに骨を折りました。原案は簡単にできたのですが、女性議員を増やすと反比例して男性議員を大幅に削減することになります。OB会としては、現職議員の立場を十分に配慮する必要があります。浅野流の歯切れのいい改革案から大骨、小骨を抜いてやっと試案がまとまったのですが、複雑な政局を考慮して公表されないまま今日にいたりました。長い議論の中で、OBの賛同は得られましたが、意外なことにOGから批判されて何度も手直しをしました。政治システムの中でも選挙制度はことさら難しいとしみじみ思い知らされました。

参議院はシステム的に比例区（全国区）に男性枠、女性枠を設けて折半したり、選挙区（地方区）の候補者を3年ごとに男性と女性を交代させたり、やる気になれば難しくありません。ですから制度論というよりも、やるかやらないか、むしろ政治論です。但し、衆議院については、現行制度に女性議員増員案を押し込んだら、血の雨が降ります。無理です。衆議院は、世界に例のない悪法の「惜敗率付小選挙区比例代表制」を見直す方がはるかに現実的です。

以下は、参議院協会総会でオーソライズされていない、いわば「浅野私案」です。

〈参議院選挙区〉

選挙区選出議員は都道府県を代表する立場にあることを重視し、各都道府県の基礎定数は2とし、人口の多い県には、選挙区議員の総定数の枠内で，人口に応じて定数を上乗せする。合区は廃止する。従って総定数を4人増員する。

女性議員を増やす趣旨から、各政党は、1選挙区定員1名を競う県においては、原則として3年ごとに男性、女性と交互に候補者を出すこととする。1選挙区複数の候補者を擁立する際は、候補者が偶数の場合は男女同数、奇数の場合は男女2：1または1：2などとする原則を順守する。

〈参議院比例区〉

参議院比例区の女性議員を増やすため、二段階方式で選挙制度改正を検討する。

〈第1段階〉

政党の立候補者は男女同数とする。

選挙区の合区廃止に伴い、比例区の特定枠4も廃止する。

〈第2段階〉

各政党の立候補者男女同数の立法化が完了、参議院選挙での実施結果を踏まえて、各政党の議員数を男女同数を目標とする「クオータ制」の導入を検討する。

＊補足①……ウオーター制とは、一定比率で人数を割り当てる制度。この場合、男性枠と女性枠の比率を6：4とか5：5と決めます。
＊補足②……なぜ参議院比例区が適合しているか。「非拘束名簿式」だからです。2001年、参議院通常選挙から採用された現行の「非拘束名簿式」とは、政党ごとに順位を決めずに候補者名簿を事前に発表します。選挙の結果、有権者が投票した政党名とその政党の候補者個人名の得票を合算して各政党の議席数がドント式で割り振られます。政党名＋候補者名＝議席数です。そして、当選者は政党ごとに得票の多い順とします。A党が獲得した票とA党の候補者が獲得した個人票を合算して5議席配分されたとすると、A党の当選者は、個人票の多い順に上位から5人です。ですから、幸い参議院比例区は現行制度のまま、男性枠50人、女性枠50人と法改正するだけでOKです。政党ごとに上位から男女それぞれ選ばれた50人ずつが当選者となるからです。

ここで1点矛盾が生じます。

仮にA党が6議席獲得したとします。候補者・当選者は男女同数です。

男性候補 ― 1位・26票、2位・24票、3位・22票、4位20票、

女性候補 ― 1位・24票、2位・22票、3位・18票、4位・16票でした。

当選者は男女それぞれ上位から3人ずつですから、女性3位の18票が当選して、男性4位の20票が落選します。すべて公平とはなかなか上手くはまいりません。

第1段階が実施されたのち、検討課題とする第2段階の問題点については、女性候補者の発掘対策、地方議会における女性議員増員具体策などと合わせて国会での検討には時間がかかります。実施されるのは10年から10数年先になるのではないでしょうか。それでも、出来れば、浅野私案を検討の対象にして不備を是正していただきたいと期待します。

〈憲法違反には当たらない〉

参議院選挙区についてですが、現行の合区制度は、人口の少ない隣接県(46・47位の島根、鳥取県、44・45位の徳島、高知県)を合わせたもので、今後、同様に隣接県どうしの合区を続けることは困難です。

人口の最も少ない鳥取県と、最大の東京都では約25倍の人口差があり、限られた議員定数の中で一票の格差を一定限度内に納めることは至難です。率直に申し上げて無理です。

合区を廃止し、各県に基礎定数2を配分すると、一票の格差が拡大することになりますが、地方自治組織である都道府県を重視する立場から、一律に基礎定数を配分することは、憲法の趣旨に反するとは言い難いと考えます。むしろ参議院選挙区は都道府県代表であるという立場が明確になります。

ちなみにアメリカの上院議員定数は各州の人口に関わりなく、一律2名となっている点を付記しておきます。

もう1点、候補者及び議席配分を男女同数と決めるのは、憲法違反の疑い（逆差別）が惹起されるという指摘があります。（憲法44条 両院議員の資格は［…］性別［…］によって差別してはならない）

77年前憲法公布の折の「性別による差別の禁止」は、男尊女卑、女性軽視を戒める趣旨と解されるので直ちに憲法違反とはならないと考えます。ＬＧＢＴの人は戸籍上の性別によります。（２０２３年10月21日 記）

※この選挙制度改革案の作成に当たっては、参議院協会のメンバー、中島啓雄元議員に手助けをいただきました。「浅野私案」と申しましたのは、浅野個人の責任を明確にするためです。実態は「浅野・中島案」であることを明記しておきます。

〈訃報〉中島啓雄元参議院議員は、２０２４年2月7日、逝去されました。謹んでご冥福をお祈り申し上げます。

優秀な人々が、なぜ間違えるのか

――戦争学を考える

柳沢協二

権力は間違える

元米政府高官が、58年の台湾海峡危機の際、米政権内で核使用が検討されていたことに触れ、「当時の政治家も今と同じくらい優秀だった。優秀な人々がとてつもなく愚かな判断をしてしまう。」と述べ、今日の台湾をめぐる米中対立について、「米中両国が愚かでなければ戦争は回避されるように見えるが、それは戦争が起きないことを意味しない。」と警鐘を鳴らしている。（2021年5月30日付朝日新聞）

戦争に勝つことを使命と考える軍部が、勝つための「合理的手段」を提示するのは、「愚かさ」ではなく、使命感ゆえである。当時、アイゼンハワー大統領は、金門島の防衛に目標を限定し、米軍の直接の参戦を避け、核使用を退けた。だが、台湾防衛の観点からは、中国本土の基地の破壊は、有力な手段であり得た。

優秀な人々がなぜ愚かな判断をするのか。それは、政治指導者と軍部を含む専門家集団が、何を最悪事態ととらえ、いかなる目標を持つかにかかっている。その目標が過大なとき、そして、それを実行する「勇気」があるとき、無益な破壊と殺傷、将来にわたる敵意という「とてつもなく愚かな」結果を招く。

一方、目標が過小であれば、兵力の小出しとなって時機を失するリスクがあるものの、修正の余地は残る。だから一般に、政治は「小出し」を好む傾向にある。日本のコロナ対策にはその傾向が顕著だ。そして、「小出し」の積み重ねのなかで、「こうなった以上やむを得ない」という状況を自ら作り、他の選択肢をなくしながら強硬な手段で事態打開を試みる。それが、多くの場合「愚かな選択」になる。東京五輪が、そうでないことを祈るばかりだ。

対テロ戦争では、「行動することにリスクはあるが、何もしないことにもリスクはある。」という論法も使われた。人は、危機に際して「何もしないより何かした方がいい」と考える。だがそれは、「何をするか」の答えにはならない。時には、何もしないことの方が勇気を必要とすることがある。

世界最高の知性と情報を駆使する「ベスト&ブライテスト」がなぜ間違えるのか。民主主義であれ独裁であれ、政権には、国の命運を左右する判断において「間違える権限」が正当に与えられている。だから、間違いを理由に罰せられることはないが、歴史的・道義的責任を免がれない。「愚かな判断」は、償いきれない歴史の汚点となる。それゆえ権力は、果断である以前に、謙虚でなければならないのだ。

「愚かな決断」を導く大きな要因は、「過大な事態認識」と「過大な目標」である。日本人は、過去の戦争を踏まえ、「過大な目標」は軍部の特性だと思っているが、むしろ政治が率先する場合もあって、そのほうが悲劇的な結末を招くことになる。

イラク戦争の政軍関係

今年、9・11から20年となる。9・11に続く対テロ戦争は、軍部というより政治が主導した戦争だった。

アフガニスタン戦争の目的は、9・11の首謀者の引き渡しを拒むタリバン政権を打倒することだった。オサマ・ビン・ラディンは、2011年に殺害されたが、タリバンはむしろ勢いを増し、2021年8月、米軍は撤退を余儀なくされた。20年に及ぶ米国史上最長の対外戦争となったアフガニスタン戦争は、戦後秩序という観点から見て、最も無駄で愚かな戦争となった。

イラク戦争は、サダム・フセイン政権の打倒とイラクの民主化を目的としていた。9・11の翌年、G・W・ブッシュは、イラン・イラク・北朝鮮を「悪の枢軸」と定義し、これらの国が大量破壊兵器を保有すれば9・11のように大きな被害が予想されるとの理由で、「先制攻撃を辞さない」軍事ドクトリンを発表する。

だが、「米国に楯突く独裁国家」というだけで、戦争はできない。そこで、戦争の大義としての大量破壊兵器の存在が重要となる。イラクは、国内のクルド人に対して化学兵器を使用した実績があり、核開発を計画したこともあった。だが、湾岸戦争による国連の禁止・制裁を受けたのち、こうした兵器を保有している証拠はなかった。情報機関は、亡命イラク人からの「ヒューミント」を中心に裏付けをとろうとした。ヒューミントの欠陥は、依頼者の欲しがる情報を出そうとするバイアスが働くことだ。そうしなければ、彼らは情報源として相手にされない。

政治はすでに戦争を決意しており、軍が戦争を準備していた。それがイラクに完全な査察を受けさせるための圧力になると信じられていた。

「あるとは言えない」と「ないとは言えない」とでは、大きな違いがある。「あるとは言えない」ならば、戦争の大義は失われる。戦争を決意した政治にとって最悪の事態は、イラクに大量破壊兵器が「ないとは言えない」以上、侵攻した米軍に多大の損害が生じることだ。軍部は、大量破壊兵器の存在を前提に装備や作戦を準備する。政権を覆うその雰囲気のなかで、「ないとは言えない」が「あるに違いない」という確信に変わっていく。

パウエル国務長官は、当初、懐疑的だった。湾岸戦争時の参謀総長だった彼は、軍投入の基準として「目的の明確化と圧倒的な兵力投入」を主張していた。湾岸戦争は、50万の米軍を投入し、イラク軍をクエートから撤退させる目標を達成した。イラク戦争では、ラムズフェルド国防長官が主導する「少数の兵力と精密兵器による短期的勝利」（衝撃と畏怖作戦）が追求された。その結果、フセイン政権が崩壊しても武装勢力は残存し、その後のイラク統治を泥沼化させる。

パウエルは、国連安保理事会で、衛星写真を使ってイラクの大量破壊兵器開発を主張することになったが、彼はこれを「人生の汚点」と回想している。砂漠にトレーラーがあるという事実は、大量破壊兵器があることを意味しない。そこに、画像情報（イミント）の落とし穴がある。

米国の統治プランは、戦後日本のように政権をすげ替えれば有能な官僚機構が機能するという思い込みを前提にしていた。だがイラクでは、官僚機構がスンニ派によって牛耳られていたため、政権打倒は官僚機構の解体となった。天皇のもとに宗派対立がなく大正デモクラシーの経験を持つ日本と、スンニ・シーアの宗派対立がありデモクラシーの経験がないイラクでは、全く条件が違っていたのだ。

こうしてイラク戦争は、目標と手段の両面で「間違えた戦争」となった。客観的であるべき情報が政策的意志で選別され、政策への警告効果を持たなかった。誤りの根本にあるのは、何よりも米国の力と民主主義への過信である。それが「イラク民主化」という「過大な目標」

を抱かせた。政治が過大な目標を持つとき、優秀な人々は、それに沿った概念や情報解釈を生み出し、目標を正当化する。

イラク戦争の教訓

G・W・ブッシュは、「嘘をついたのではない。『大量破壊兵器がある』など、すぐにわかる嘘はつかない。皆が間違えただけだ。」と回想している。その間違いが、中東を混乱させ、暴力の連鎖を生んでいる。「皆が間違えることをどう防ぐか」は、戦争学の大きな課題でなければならない。

イラクの教訓を最も控え目に言えば、不確かな情報で戦争の大義を決めてはいけないということだ。民主主義・秩序という「大義」は普遍的ではある。だが現実には、中東で民主主義も秩序も実現していない。そこには、目的が正しいと強く思えば思うほど、慎重に手段を選ばなければならないという教訓がある。

中東における最大の悲劇は、民主主義の欠如よりも暴力の連鎖という秩序の欠如だ。イラクでは、選挙が行われるようになり、スンニ派の恐怖政治に替わって多数派であるシーア派の政権が誕生した。だが、暴力は止まず、秩序は崩壊している。それは、政治が最も恐れるべき「最悪の事態」ではなかったのか。

統治の方法である「民主主義」と統治の結果である「秩序」のどちらを優先するかという深刻な疑問もある。政治にはいつでも、何を最悪の事態と認識し、何を目標とするかが問われている。

日本が愚かな判断をしないために

06年のイラク特措法延長に当たって、国会は、「イラクに大量破壊兵器がなかったことを踏まえ、イラク戦争を支持した判断を検証すべき」とする付帯決議を行った。だが、「独自の情報がなかったのだから仕方がない」という受け止めが一般的だった。

「情報がなかった」というのは便利な言い訳だ。誰も「愚か」とされることがない。イラクに大量破壊兵器があるかどうかなど、日本が知らなくて当然だ。米国も間違えた。だから、「仕方がなかった」と考える。

私も当時、戦争を支持していた。イラクは大量破壊兵器を持っているはずだと考え、米国が断固とした行動をとることが国際秩序を維持し、北朝鮮への警告になると思ったからだ。しかし、イラクに大量破壊兵器はなかった。戦争の大義はなかったのだ。

政府は、「ないことを証明しなかったイラクに責任がある」という論理で戦争を擁護したが、戦争をしかけた側が自らの正しさを証明すべき責任を負っていることは子供でも分かる。

問題は、日本に情報がなかったことではない。「大量破壊兵器の存否は不明」という「情報」があったのだ。米国の戦争を支持したのは情報ではなく、支持すべきだと考える別の要因があった。

日本にとって中東の安定と日米関係は、ともに重要だ。北朝鮮への脅威感もある。だから、大量破壊兵器をなくし、中東の安定をめざす米国の目標に反対する理由はない。しかも、日本自身が戦争するわけではない。日本にとってイラクは、戦争の危機ではなく日米関係の危機と認識されていた。

冒頭の米国元高官の問題意識に帰ると、今日、台湾を中心とする米中対立のなかで日本は、米国を支持している。「台湾問題の平和的解決」という目標に異論の余地はない。だがそれは、日本が何をすべきか、すべきでないかの答えではない。一方、台湾で独立の機運が高まり、中国が台湾の独立を受容できないこと、それが平和的解決を阻害する要因であるという問題の構造にも疑問の余地はない。これを武力で解決するのは、誰にとっても「過大な目標」であり「愚かな判断」につながる。米・中・台・日すべての政治リーダーに、自制という勇気が求められるゆえんである。（2021年6月30日 記）

ガザの愚かな戦争

柳沢　協二

ガザ戦争とは何か？

２０２３年10月7日、ハマスがイスラエルに対する無差別のロケット弾による攻撃で１０００人を超える民間人を殺害し、２４０人を超える民間人を人質として拘束した。これは許し難い犯罪であり、無差別テロというべき事件だ。

イスラエルは、これを「戦争状態」と定義して大規模な報復に乗り出した。９・１１テロに遭遇した米国で、Ｇ・Ｗ・ブッシュが「これは戦争だ」と述べてアフガニスタン・タリバンとの戦争に突入したことを想起させる。ガザ地区への空爆と地上侵攻はまぎれもない戦争だ。戦争であるから、「自衛権」を主張し米国もこれを支持する。ただし、９・１１のときは、国連安保理事会が米国の自衛権を容認した。今回はそれがない。９・１１と共通するのは、武力で解決しようとしていることだ。だが、武力で破壊・殺害すればするほど、強者の横暴と受け止められてしまう。

イスラエルは、ガザへの攻撃で多数の民間人を殺害し、ヨルダン川西岸でも、多くのパレスチナ人を拘束・殺害している。これも、まぎれもない犯罪行為である。もともと、占領地であるヨルダン川西岸地区にイスラエルが国家政策として入植するのは国際人道法違反で、また、ガザ地区を封鎖していること自体が国際的非難の対象であった。イスラエルの選択は、仮に自衛権であっても許されない戦争犯罪である。それゆえ、国際世論はパレスチナに同情する。

それは、ハマスの行為を戦争と定義して殲滅戦に乗り出した結果である。仮に、ハマスの行為を犯罪と定義して、人質解放と民間人殺害犯の処断を目標とする国際世論との共同の道を選択すれば、状況は全く別のものになっていたはずだ。

ともあれ、今日の事態は紛れもない戦争である。

失敗を運命づけられたハマス

戦争という観点で見るとき、ハマスの目標がわからない。大規模なロケット攻撃で多数のイスラエル市民を殺せば、当然報復を受ける。それを防ぐために多くの人質をとったのかもしれないが、ネタニヤフ政権が報復の手を緩めるとは考えられないし、「人質を盾にしたテロリストの要求には応じない」というのが、9・11以降の世界のスタンダードだからだ。

ハマスは、人質を材料に何らかの政治的要求をしたわけでもなく、イスラエル軍の侵攻に対して激しい戦闘で対抗しているようにも思えない。ウクライナ戦争でパレスチナへの国際世論の関心が薄れ、中東諸国とイスラエルの政治的関係改善が進んでいる、ガザの失業率の高さでハマスへの支持が揺らいでいる、といった要因はある。そこで、混乱を引き起こすことで国際的関心がウクライナからパレスチナに戻り、アラブ諸国とイスラエルとの関係改善が頓挫することを狙ったと、専門家は分析している。確かに、そういう政治的効果はあった。だが、そのためにガザ市民に苦難を強いるハマスのやり方を許すわけにはいかない。

ハマスはガザの統治者であって、市民を犠牲にして政治的成果をあげたところで、もはや統治の正統性を維持することはできず、国際世論も、ハマスを正当な当事者とする和平の構図は受け入れないないだろう。イスラエルの狙いもそこにあるわけで、ハマスのもとでガザの人々の安全や生活は成り立たないことが明確となった。民間人を盾にする戦争指導は、失敗を運命づけられた愚かな戦争である。

イスラエルの愚かな戦争

一方、イスラエルの狙いは明確で、ガザを拠点とするハマスの脅威を将来にわたって取り除くことである。それは、必然的に殲滅戦争となる。民間人への被害を限定するというタテマエはあっても、誰が武装勢力か区別がつかない。また、親族であるハマスの要員を匿い、助けることもあるはずで、そういう民間人も、「自衛権」の論理から言えば、殲滅の対象とならざるを得ない。アフガニスタンやイラクでも、同じ理屈で多くの民間人が殺された。

イスラエルは、ある程度気を遣っていると思う。東京23区の6割の広さに230万人が密集する地域で東京大空襲のような爆撃をすれば10万人単位の死者が出ているはずのところ、戦闘開始から100日間で2万5千人の死者「しか出ていない」のだから。しかし、民間人を殺すことが戦争犯罪であることに変わりはない。

では、この戦争を通じてイスラエルへの脅威はなくなるのか？　殺せば殺すほど、復讐心に燃える未来の襲撃者を生み出し、脅威が再生産されていくことは目に見えている。戦争論として本質的なことは、こういうやり方では安全という目標は達成できないということだ。この戦争は、目的にてらして全く愚かな戦争なのだ。

ガザ・パレスチナからの「脅威」をなくしたいのであれば、爆弾と恐怖と絶望ではなく、生活の場と安堵と希望を与えなければならない。

戦争が変える世界

戦争では勝利が至上の目標となる。しかしそれは、行為 input の結末 output であって、それがもたらす結果 outcome ではない。戦争は、力のバランスを即座に変更する行為であるため、バランスを成り立たせていた様々な要素に影響を与え、当事者が予期しない結果をもたらす。ジグソー・パズルの一片を動かせば、全体の絵柄が崩れることになるが、当事者は、多くの場合それに気づかない。

今回の戦争で、ハマスは統治者としての正統性を失い、イスラエルは国際社会の支持を失うとともに、人質の安否によっては、国内の支持も揺らぐことになる。中東諸国も、ガザ、パレスチナの将来像を抜きにイスラエルとの関係改善を進めることが難しくなった。「勝者」であるイスラエルにとって、世界はますます居心地が悪くなる。これらはいずれも、当事者が意図しない結果である。

この戦争の最大の結果 outcome は、米国の指導力の衰退が明らかとなったことである。イスラエルの自衛権擁護の立場から停戦に反対する米国の国際的孤立が顕著になっている。10月27日の国連総会の休戦決議は121か国の賛成を集めた。12月12日の即時の人道的停戦を求める決議では、153か国が賛成に回り、反対は米国とイスラエルなど僅か10か国となった。

米国は、ハマス非難に触れないことで反対している。では、ハマスを非難すれば、米国が戦争を終わらせるために何をできるのかがわからない。言い換えれば、今、優先すべきことは殺戮と破壊を止め、ガザの人道危機を終わらせることであって、イスラエルの顔を立てることではない。それが、国際社会の「総意」であると言っても過言ではない。

11月22日に南アフリカが主導したＢＲＩＣＳ首脳会議では、イスラエルとハマス双方を非難しつつ、停戦と市民保護のための国連部隊の派遣が提案された。紛争解決のための仲介で重要なことは、当事者の正義を判定しないことだ。勿論、戦争犯罪は、誰のものであっても厳しく追及すべきだ。しかしそれは、情勢が収束してからの課題だ。

戦争は、当事者が予期しなかった結果をもたらす。第２次世界大戦では、ファシズムを打倒する戦争の後、国際連合……大国の特権を前提とした国際秩序が築かれた。ウクライナとガザの戦争では、その秩序が限界に達していることが示された。世界秩序の盟主であった米国が唱えてきた自由と人権は現実の戦争によって破壊され、国際世論は戦争が最大の人道危機となることを認識している。

私は、今日の二つの戦争が、「大国が牛耳る世界」から「戦争を否定する国際世論が支配する世界」への転換という、「予期しない結果」をもたらすと信じたい。そうでなければ、人類の未来はないから。（２０２４年1月18日 記）

教訓＝ウクライナ戦争と台湾有事

柳沢協二

戦争が長期化しているので、ここで教訓を整理しておきたい。心配なことは、ウクライナへの武器供給で戦力が拮抗し、戦争前の現状以上の戦果を求めることだ。それは、戦争を「英雄的な抵抗戦争」から「普通の戦争」に変えることになる。

ウクライナ戦争……3つの危機と3つの教訓

〈3つの危機〉

①ロシアの侵攻は、明白な国連憲章違反であり、5大国の優越的立場を認めて平和の担保を求める戦後国際秩序の危機である。

②プーチンが言及する核使用の脅しは、核の役割を限定し、核廃絶に向かう国際的潮流への挑戦であり、NPT体制の根底を揺るがす危機である。
③ロシアの戦争犯罪は、第2次大戦後に形成されてきた国際人道法、ジェノサイド条約、残虐な兵器の禁止などの規制に逆行している。

〈3つの教訓〉

①戦争で目的を達成することはできない

国際世論の反発のなかでロシアは孤立を深めている。西側諸国は、ウクライナへの支援とロシアへの制裁を強め、ウクライナの抵抗を支え、ロシアの基礎的な国力を侵食している。ロシアが目指したウクライナ政権の打倒は失敗し、領土の編入・支配を目指す戦争も長期化している。

この戦争の最大の教訓は、いかなる大国も、国際世論の支持がない戦争で目的を達成することはできず、かえって大国の衰退をもたらすという事実である。

②戦争は、始まる前に止めなければならない

戦争では、報復の連鎖で暴力が拡大する。双方の戦争継続の意思と手段がある限り、戦争は終わらない。

ウクライナの停戦提案は、NATO不加入と中立化に対する国際的保証、クリミアの帰属

の棚上げと東部2州について首脳同士の合意を目指すもので、ロシア側にも配慮した妥当なものであったが、プーチンに拒否された。後に、ロシア軍が撤退したキーウ周辺で民間人への戦争犯罪が明らかになると、戦争目的は、領土の住み分けから、報復と正義を実現することに変わった。

戦争は、妥協がなければ終わらないが、暴力の連鎖が妥協を困難にする。それゆえ、戦争は、始まる前に回避しなければならない。痛みを伴う妥協も必要だが、戦争で失われる人命の痛みよりも軽い。外交による妥協こそ、政治の最大の使命となる。

③外交なしに平和はない

ロシアの侵攻を止められなかった直接の要因は、米国が軍事介入を否定していたことだ。だが、米国が軍事介入を表明し、軍隊を展開していたら、ロシアがそれを脅威ととらえ、戦争を正当化しただろう。米ロの戦争は、核を含む世界規模の戦争に発展する危険があった。

大国間の戦争は、戦略核の応酬による相互確証破壊によって抑止されてきた。それは、世界戦争を回避する理性を前提としていた。ウクライナ戦争は、その前提が必ずしも盤石ではないことを示した。大国間戦争を避けようとすれば中小国への戦争を防げない、とのパラドクスも認識されることになった。

ロシアの決断の背景には、米ロ間の信頼の欠如がある。米国は、ロシアが長年にわたって表明していたＮＡＴＯ拡大に対する不満に対処してこなかった。ロシアの安全保障上の、あるいは大国としての願望に適切に対処していれば、戦争の意思を封じ込める可能性はあった。戦争の結末がどうなろうと、相互に脅威をなくし、領土など歴史的な紛争要因で合意しなければ、戦争の火種はなくならない。戦争の終結に重要なことは、勝敗ではなく信頼の回復である。信頼醸成を目指す外交なしに平和はないのである。

国際世論の可能性

国連では、安保理が機能不全に陥るなかで、国連総会が活用されている。ロシア非難決議が圧倒的多数で可決され、常任理事国に対して拒否権行使の説明を求める決議がコンセンサスで成立した。イラン・キューバなど、反米とされる国も決議に反対せず棄権に回り、ロシアの行為を支持できなかった。他方、国連人権理事会におけるロシアの資格停止決議では、反対・棄権が増加している。国際世論は、武力行使に反対し、拒否権を使った大国の横暴に歯止めをかける点で一致している。一方、人権や専制主義といった価値観を理由に世界の分断が進むことを危惧している。

国連総会の活性化は、国連と国際世論による戦争規制の新たな可能性を予感させる。今後、戦争行為の停止を求め、大量破壊兵器の使用を禁止する動きも期待される。さらに、シリア、イエメンなど大国が介入する内戦に対しても、国際世論の積極的な役割を期待できる国際世論は、戦争の正当性を奪い、戦争の政治的代償を高めて、次の戦争を躊躇させる可能性を秘めている。米中・米ロの大国間対立が顕著になるなかで、地球温暖化、感染症、飢餓や人道危機といった課題が一向に解決されない現状にある。これらの課題は、専制主義対民主主義といったイデオロギーを軸にした大国外交では解決できないので、国際世論の重要性がますます高まっている。

ウクライナ戦争と台湾有事

日本では、「米国との同盟関係にないからロシアの侵略を抑止できなかった」として、米国との同盟関係を重視する認識が一般的である。だが、そこで思考停止してはいけない。

ウクライナは、NATOに加盟していない。台湾もまた、米国との同盟関係にないだけでなく、国家として承認されていない。問題は、同盟関係にあるかどうかではなく、米国の防衛意思があるかないかである。

米国は、台湾について軍事的介入を否定しない「曖昧戦略」をとっている。介入の意思を明確にすれば中国との関係を決定的に悪化させ、抑止を破綻させるおそれがある。そして、米国が軍事的に対応することには、ウクライナ戦争までは、一定の信憑性があった。

ウクライナ戦争が突き付けた問題は、核を保有する軍事大国との戦争が世界戦争に発展するおそれがあり、米国が慎重にならざるを得ないことである。その論理は、中国・台湾にも当てはまる。

中国の立場から見れば、米国と対抗するうえでの政治的・軍事的盟友であるロシアが、戦争の長期化と制裁によって弱体化することは避けたいと考える一方、国際世論の反発のなかで、ロシアへの明確な支持の表明や、直接の軍事的支援には慎重な姿勢をとっている。また、一国を武力で支配することの難しさを認識している。

中国は、経済的にも軍事的にも増勢の傾向にあり、それが米国と対抗するうえでの最大の力の源泉である。時間が味方であると考える中国がロシアのような暴挙に出ることは考えにくく、台湾侵攻の決断には未だ十分な時間がある。これを、外交の機会として生かすことが、台湾を第2のウクライナにしないために必要なのである。

欧州では、NATO諸国の結束と防衛強化に加え、新たにNATOやEUに加入する動きが出ている。一方、アジアでは、反ロシアでの結束はおろか、反中国で結束する潮流もない。QUAD構想の中核であるインドも、対ロシア制裁に同調していない。かねてからアジア諸国にあった「米中の二者択一」を受け容れないという認識は、一向に変化がない。

日本が、西側諸国との協調と、それをアジアに投影させる日米同盟基軸の外交姿勢に終始するならば、アジアにおける日本の存在を希薄化させる懸念がある。

我々は、ウクライナに同情し、熱い思いをもってウクライナの人々を支援したいと願っている。同時に、戦争を防ぐことが何よりも必要であることを痛感している。そのため、感情や願望に任せた「勇ましい議論」ではなく、「冷静な議論」が求められる。（2022年5月13日 記）

作：熊谷一雄（安保研オブザーバー）

憲法9条は「人生の現実」"a fact of life"
——私の体験的憲法論

柳沢協二

私が護憲派である理由

21年の衆議院総選挙の結果、改憲に前向きな勢力が4分の3以上の議席を占めることとなり、改憲の機運が高まることが予想される。この状況に、「護憲派」を自認する私は、危機感を覚えている。だが、日本国憲法は、私と同じ年齢である。75年経過する憲法をどう変えるか、変えないかは、これから日本を支え、日本に生きていく子・孫の世代が、どのような国を作りたいのかを選択する問題である。余命いくばくもない私の世代は、彼らの選択に従う勇気を持たなければならないと思う。

ただ、憲法は「国のかたち」を表すものであるから、それにふさわしい苦悩と選択がなされるべきだ。75年前の日本は、敗戦・占領という苦悩を経て、国民主権・基本的人権の尊重・平和主義を三大原理とする憲法を受け入れた。そういう「国のかたち」を選択したのである。人民が主体的に勝ち取ったわけではないが、戦没者310万人の命と引き換えに与えられた日本国憲法は、戦後の驚異的な復興という成功体験と結びついて、根強い非戦の時代精神を育んできた。9条はその象徴であり、日本の防衛政策は、もっぱら9条との整合性をめぐって議論されてきた。

私の40年間の防衛官僚としての仕事の中で、最大の課題は「政策を9条に整合させること」であった。周辺事態法では、後方地域（のちの非戦闘地域）という概念が生み出され、米軍を支援しても、その戦闘行為とは「一体化しない」ことで9条が禁じる武力行使にはならない、と説明された。軍事的には「屁理屈」だが、防衛官僚はそこに心血を注いできた。

それは厄介なことではあったが、9条に体現される国民の意識にあわない防衛は成り立たない。逆に、憲法という「歯止め」なしに政策を進めるとしたら、どこまでやるかを自分で決めなければならないという、もっと厄介な難題に直面していただろう。だから私は、自らを護憲派だと思い、憲法にチャレンジする発想はなかった。9条は、「不磨の大典」ではなかったが、人生の現実 “a fact of life” であった。

失われた歯止め

私は、戦後世代に根強い「９条が平和を守った」という発想には与しない。戦後世代が生きた冷戦期は、米ソ二大国の対立の中でかろうじて平和が保たれていたのであって、９条が戦争を防いだわけではない。ただ、９条に象徴される日本の非戦志向が、大国のパワーゲームに関与せず、日本自身が戦争の要因を作らず、いかなる他国の戦争にも参加しない「歯止め」になっていたことは認めるべきだろう。

いま、日本は、米国の主導する「専制主義中国との抗争」に同意し、「大国のパワーゲーム」に深く関与している。集団的自衛権が解禁され、日米の軍事作戦における一体化が進められている。「米国の戦争に参加しない」という歯止めは失われた。これに「敵基地攻撃」政策が加われば、「日本が戦争の要因を作らない」という歯止めも失うことになる。

かつて、日本の防衛力は「日本自身が力の空白となることで侵略を誘発しないために必要」と説明されていた。いま、中国を軍事的に抑止するためのあらゆる選択肢が追求されている。そのことの当否がまず論じられなければならない。そのうえで、それが憲法９条の中で実現できるかどうか、できなければ政策を変えるか憲法を変えるか、という段階的な議論が必要だろう。そうでなければ、憲法をどう変えるかもわからないはずだ。

従来、日本が軍事的にできないことは「９条があるから仕方がない」と考えられた。これは、誰も「愚かさ」を問われることがない便利な言い訳だった。それで済まされてきたのは、「自衛隊が戦争に使われることはない」と、誰もが確信していたからだ。しかし、イラク派遣と台湾有事が状況を一変させた。

いま、自衛隊が戦火を交えることが現実味を帯びて予想される。憲法を言い訳にはできず、自衛隊を使う結果について責任を伴う判断をしなければならない時代になった。安保法制成立のころ、安全保障の論者の多くは、日本の軍事的選択肢が広がることを歓迎した。だが、選択肢が広がるほど選択を誤るリスクも増える。私が危惧するのは、日本には、判断の誤りを検証し、修正する政治文化がないことだ。これでは80年前の戦争の誤りを繰り返しかねない。軍事においては、愚かなことが最大の罪である。

自衛隊と書けば終わりではない

私にとって9条改正の問題は、「現にある自衛隊を書けばいい」という問題ではない。そもそも自衛隊とはいかなる集団であり、何に忠誠を誓い、どこまで使われるのか、その定義が必要なのだ。「自衛隊の存在が明確でないから違憲論が生じてかわいそう」ではなく、自衛隊に何をさせるのか、その国民的合意がなければ、自衛隊が何のために命を懸けるのかがわからない。それでは、自衛隊も国民も「かわいそう」だ。

自衛隊法では、自衛隊は「国の独立と平和を守る」組織と定義されている。防衛は、内閣に属する行政の一部であって、隊員は防衛という行政サービスを担う特別職公務員である。だから、軍法会議もなければ、敵前逃亡しても最大7年の懲役刑しかない。戦闘への参加は、「危険・不快・不健康」な業務として「特殊勤務手当」が支給される。

国際人道法（戦時国際法）の適用もない。国際人道法では、戦場で民間人を殺した場合、そういう結果を生じかねない作戦を命じた上官や政治家の責任が問われるが、自衛隊の場合、「実行犯」である現場の隊員の犯罪として扱われる。

防衛が行政の一部であれば、法律と内閣の命令に従うことが忠誠である。万人に奉仕すべき公務員が、他に忠誠心を持ってはいけないからだ。行政から独立した位置づけを与えるなら、忠誠を誓うべき対象は内閣ではなく「国家」と言うべきだ。では、国家とは何か。国家を定義するのは憲法である。国家への忠誠とは、憲法の三大原理への忠誠であるはずだ。それを外敵から守ることが独立であり、自衛隊は、そのために戦うことが求められる。

それは戦死を覚悟すること、すなわち隊員個人の基本的人権の放棄であるから、その代償をどうするのか。そして、それを覚悟させる意思決定が国民主権にふさわしく透明で民主的でなければならない。そこに、軍隊とは呼ばなくとも、自衛隊の本質と名誉の根源がある。

憲法の「文言いじり」よりも先に、政治家が苦悩すべきことが山積しているのだ。

自衛隊は何のために命をかけるのか

私が防衛庁に入るとき署名した「自衛隊員の服務の宣誓」は、「事に臨んでは危険を顧みず、身をもって責務の完遂に努め、もって国民の負託にこたえることを誓います。」という一文で締めくくられている。自衛隊は、「国民の負託に対して命を懸ける」のであって、国民が何を負託しているかわからないなら、何のために死ぬのかわからない。議会制民主主義のもとでは、議会で選ばれた内閣総理大臣が法律に基づいて出す命令こそが国民の負託であるという推定はできる。だが、それは制度的な擬制であって、常に国民の負託そのものであるとの保証はない。戦争という大事において、国論は分裂する。それを、「多数党が数に任せて国民の負託を僭称するおそれ」は、いつでも、どこの国でも存在する。その時・その国の民主主義が信頼に足りるものかどうかが問われてくる。

一方の国民も、「そんなことを負託した覚えがない」というのであれば、国民にとって自衛隊は、勝手に死んだことになる。自衛隊に戦闘を命じることは戦死を命じることに等しい。国民がその自覚をもって負託しないのであれば、自衛隊員の戦死は無駄死にになる。それに目をつぶることだけは、私にはどうしても許せないのだ。

私がそれを実感したのは、イラクだ。自衛隊は一人の戦死者も出さずに任務を終えたが、宿営地に砲弾が飛来し、車両が路肩爆弾で被弾するなかで、死ななかったのは幸運であったにすぎない。仮に一人でも亡くなっていたら、派遣計画を起案した私にも責任がある。隊員のご両親にどんな言葉をかけることができたのだろうか。累次の派遣隊長には、任務よりも隊員を無事連れ帰ることを要請していた。私には、「死んでも任務を達成して来い」という覚悟はなかった。これは、臆病者の論理だ。だが、自衛隊員に勇敢であることを求めるなら、命令者は、自衛隊員の命に臆病であるべきだ、と私は思う。

国際紛争をいかに解決するか

憲法9条は、国際紛争解決の手段としての武力の行使を禁止している。では憲法は、国際紛争をいかに解決せよと言っているのだろうか。憲法前文では、政府の行為によって再び戦争の惨禍が起きないこと、世界の国民が等しく恐怖と欠乏から免れて平和に生存する権利を有すること、いかなる国も自国のことのみに専念してはならないという理念を示している。そういう外交を求めている。いまの日本の問題は、そういう信念を持った外交を実行していないことであって、武力という手段が不足していることではない。

ある中学校教師から「憲法と自衛隊の関係を、中学生にどう教えたらいいのか？」と問われたことがあった。「憲法は自衛を禁止しているわけではなく、専守防衛の自衛隊は憲法と矛盾しない」というのが、公的な答えだったが、どこか腹に落ちないものがあるのを感じていた。そこには、主権者として政治に何を求め、戦争とどう向き合うかという主体的論理がないからだと思う。

米中対立が厳しさを増す中で、国民の選択と覚悟が求められている。昔のように、百万単位の犠牲者を出し、国土を灰燼に帰するような戦争はないかも知れない。だが、国民の選択によっては、数百・数千の自衛隊員の命が失われるかもしれない事態をどうやって受け入れるのか、あるいはいかに防ぐのかを考えなければ、やがて大きな後悔が待っている。それを伝えていくことが、後世に向けた私の使命だと思っている。（2022年1月14日 記）

国民の8割は女性天皇を支持！
——それでも、なぜ「愛子天皇」は実現しないのか

登　誠一郎

安定的皇位継承の危機

今年の宮中一般参賀は、元日に起こった能登大地震の影響により中止された。中止を報じるテレビのニュースは、この日のお手振りにご出席の予定であった愛子様の写真も掲載したが、それは誠に気品にあふれたものであり、「愛子天皇」待望論が国民の間に広がっていることを頷かせるものであった。愛子様は、昨年12月に22歳の誕生日を迎えられ、今年3月に学習院大学をご卒業されて、日本赤十字社に嘱託社員として勤務されるご予定と承知する。一般の女性で言えば、いわゆる適齢期に近づいている。もし、ご結婚される時点

において、皇室典範第12条（皇族女子は、天皇及び皇族以外の者と婚姻した時は、皇族の身分を離れる）が削除または修正されていなければ、結婚により自動的に皇族の身分を離れる必要が生じる。それは、愛子様が天皇になる可能性が永久に消滅することを意味する。

それと同時に、若い世代の皇位継承者が、悠仁様お一人となるので、安定的な皇位継承に支障が生じる恐れが大きくなる。他方、愛子様が、将来に皇位継承者となる可能性を残すためにご結婚を遅らせるとすると、それは深刻な人道問題である。即ち、今日、我が国が抱える皇位継承に係る問題は、一部の人が主張しているような「悠仁様が成人されてご結婚される時代まで、時間をかけて検討すればよいので、今、議論を急ぐ必要はない」との考え方は誤りであり、愛子様が適齢期を迎える現在、早急に結論を出さねばならない問題なのである。

「愛子天皇」待望論の台頭

ここ2～3年の間に行われたほとんどの世論調査においては、女性天皇に賛成する人は8割近くに及んでいる。また女系天皇についても約7割の人が容認するとしている。愛子様が小学生の頃は、学内で生じたいじめ問題その他の理由により、欠席が続くこともあり、一部マスコミによって「不登校」などとの批判が行われたこともあったが、現在は批判はまったく聞かれず、気品にあふれた姿が、広く国民の親愛と尊敬の情を集めている。そのような国民感情を背景にして、多くの国民が、「愛子様は何故、天皇になれないのか」という素朴な疑問を持つのも極めて自然である。

日本国憲法制定時における議論

大日本帝国憲法においては、「天皇は皇男子孫が継承す」と明記されていたが、戦後の日本国憲法においては、この規定は憲法から削除されて、その代わり皇室典範において、「天皇は皇統に属する男系の男子が継承する」と規定された。

日本国憲法制定時における国会における天皇制の在り方についての議事録を読むと、議員の一部からは、なぜ女性天皇を認めないかとの議論が出たのに対して、憲法制定担当であった金森国務大臣は、「直ちに女性の皇の制度をはっきり認めますことは、なお相当の研究の余地を残して居るものと存じ、今後十分論及を進めてまいりたい」と答弁している。すなわち、女性天皇の問題は、既に憲法制定時に議論されており、それ以降の課題として先送りされたのだ。

それにもかかわらず、政府は小泉内閣時代まで、この課題に手を付けずに放置していたのである。女性天皇を認めるためには、憲法を修正する必要はなく、法律である皇室典範のこの部分を改正すればよいのであるから、法的なハードルは決して高くはない。問題は、政治がその方向に動いていないことである。

二度にわたる有識者会議の報告

政府は、皇位の安定的継承に関して、小泉内閣時代の2005年と、安倍内閣時代の2022年と二度にわたって、有識者会議の報告書を取りまとめた。前者の報告書は、「女性天皇・女系天皇を認める」との趣旨であったが、2006年9月に悠仁様がご誕生になったことを契機として、この報告書の国会提出は見送られた。後者の報告書は、2017年の天皇退位を受けて、安定的皇位継承を図るべしとの国会付帯決議に基づくものであるが、安倍内閣は4年以上にわたって、その検討を引き延ばした。ようやく設置した有識者会議においては、ヒアリングを行った21名の専門家の約半数が女性天皇を支持したのにもかかわらず、報告書においてはそれにまったく言及しなかった。

報告書は、その目的を「皇族数の確保」とし、そのための方策として掲げられたのは、①女性皇族は、婚姻後も皇族の身分を保持する、及び②1952年に皇籍を離脱した11の宮家の男系子孫を養子縁組として皇族にする、との内容であった。しかしこれでは、安定的皇位継承を図るための方策としては全く不十分である。特に旧宮家の子孫を養子として皇族にする考え方は、現代の国民感情を全く無視した極論と言わざるを得ない（2022年3月8日付の安保研リポート第39号に掲載した拙稿「女性天皇・女系天皇の可能性を閉ざすな〜報告書は皇位の安定的継承の危機を招く」をご参照願いたい）。

女性天皇・女系天皇を認めるべき理由

国民の８割が女性天皇を支持（７割は女系天皇も支持）していることは、それを認めることが合理的であることを明白に示している。以下にその主な理由を４点述べる。

①「天皇は男系男子に限る」というのは、伝統とは言えない

保守派の人たちは、「天皇を男系男子に限ることは日本国の伝統である」と主張している。しかし、１２６代、２０００余年にわたる日本の天皇制の歴史において、女性天皇は８名（10代）存在した。女系天皇はいなかったが、これは側室制度により、多数の皇族が存在したので、容易に男系の天皇に戻れたことによる。ちなみに、江戸時代から現在に至る４００年余りの間に即位した19名の天皇のうち、嫡出の天皇は、明生、昭和、並びに現在の上皇と天皇の計４名のみであり､それを除く15名の天皇はすべて側室から生まれた非嫡出であった。これを見ると、過去の天皇のほとんどが男系男子であったのは、明らかに側室制度の存在に依拠するものである。側室制度により支えられてきたとも言うべき「天皇を男系男子のみに

限る制度」を我が国の「伝統」と位置づけ、これを維持することは果たして適切であろうか。

② 男系男子に限っていれば、いずれ皇室は断絶する

皇位継承者を男系男子に限っていれば、現実問題としてそれは悠仁様の直系の男子子孫に限られる。このことは、悠仁様と結婚する方は「男子を産む」というの巨大なプレッシャーを受け続けることになる。稀にみるタフさを有する雅子皇后が体験され、それによってご自身が著しく体調を崩されたという歴史の繰り返しである。悠仁様と結婚する女性はこの運命を背負わされることとなるが、果たしてそのような結婚を承諾する女性が居るであろうか。また悠仁様がご結婚された場合でも、もし配偶者との間に男子が産まれなければ、皇室は断絶してしまう。なお、窮余の策として出された、旧宮家の男性子孫を皇族の養子として皇位継承権者とすることは、国民に全くなじみのない人物が天皇になることであり、これを受け入れる国民はほとんどいないのではないか。

③ ジェンダーギャップが世界116位に示す、日本の「女性軽視」

世界経済フォーラムが昨年に発表した世界報告書によると、日本のジェンダーギャップは、世界146か国中の116位であり、ほとんどすべての主要国より劣っている。これは誠に恥ずべき数字であり、民主主義が広範に浸透している今日の日本社会でも、女性の社会的地位の向上は依然として遅れていることを如実に示している。保守派の人たちは、このことと女性天皇・女系天皇を認めないことは関係ない、というかもしれないが、上述のように、天皇を男系男子に限ることが、決して伝統でもなく、合理性もないのであれば、多くの日本人の心の奥に存在する「女性軽視」の意識が、女性天皇・女系天皇を否定する一つの要因となっていると考えざるを得ない。

④日本の皇室制度は、世界から異端とみられる

世界の王国の例を見ても、当初は女性国王を認めていなかった英国、オランダ、ベルギー、スエーデンなどすべての欧州の王国において、20世紀の後半までには女性国王が認められるようになった。またアジアの王国であるタイにおいても、１９７４年に憲法が改正されて、女性の王位継承権が認められている。

その結果、現在、世界で王位継承権を男子に限っているのは、サウジアラビアなど様々な形の女性差別が残存している中近東のいくつかの王国を除いては、日本のみである。この現状は極めて奇異であり、このままでは、日本の皇室制度は世界から異端とみなされても致し方ない。

国会の議論に期待すること

岸田首相が有識者会議の報告書を国会に提出してから2年が経過したが、国会がこの報告書の審議を開始する気配は見えない。自民党は「安定的皇位継承の確保に関する懇談会」を設けて、昨年の11月末に初会合を開いたが、それは、天皇陛下→秋篠宮皇嗣→悠仁様、という現在の皇位継承順位は変えないという前提に立った議論を行うということであり、結論を先取りしたものである。またこの問題は自民党内で議論すれば足りるという性格のものではなく、広く国民全体で議論しなくてはならない課題であるので、本年の通常国会においては以下の態様でこの問題を真剣に検討してほしい。

①特別委員会の設置

この問題の重要性に鑑み、内閣委員会において他の法案と同時に審議を行うのではなく、1946年の皇室典範制定時と同様に、衆参両院に特別委員会を設置することが適切。

②個人の立場での委員会出席

安定的皇位継承は、国の象徴に係る問題であるので、政党ごとに意見を集約すべきものではなく、出席するすべての議員が国を代表する一個人として発言、行動する必要。

③すべての有識者会議報告書を参照

議論の参考とする資料としては、特定の立場に偏るのではなく、２００５年の小泉内閣時代の「皇室典範に関する有識者会議報告書」、２０１２年の野田内閣時代の「皇室制度に関する有識者ヒアリングを踏まえた論点整理」、並びに２０２２年に岸田首相が国会に提出した「安定的皇位継承に関する有識者会議報告書」の３点を参照。（２０２４年1月17日 記）

（のぼる・せいいちろう　ＯＥＣＤ特命全権大使、軍縮会議日本政府代表部大使、内閣外政審議室長、日本政府観光局理事）

記号式投票の普及が急務
――東京都区議会選挙：3つの区で1票未満の差で落選！

登　誠一郎

2023年4月下旬に発表された朝日新聞の世論調査によると、「衆議院選挙における重複立候補制は良くない」という意見が72％に及んだ。この数字を見るまでもなく、重複立候補制による敗者復活制度（惜敗率）については、浅野理事長がたびたび「世界に類を見ない悪法」と決めつけてその廃止を求め、小生も諸手を挙げて賛成している。この制度を廃止するための公職選挙法改正には、現職議員の思惑が絡んで容易ではないと思われるが、今回の統一地方選挙の結果を見ると、公選法を改正しないでも可能な、速やかな改革が必要と思われる事態が生じた。

候補者名の書き方により、同姓あるいは同名の候補者のいずれへの投票か判断が難しい疑問票は、関連候補者の得票に案分比例して加算するというシステムになっている。この結果、新宿、中野、世田谷3つの区において、1票あるいはそれより少ない小数点という僅差で当落が決まるという前代未聞の事態で発生した。

1票未満という驚くべき票差による当落の分かれ

統一地方選挙の後半戦に行われた東京都の区会議員選挙において、政治的な趨勢として注目されたのは、維新の躍進と自民、公明、共産の退潮であり、さらに女性の進出（杉並区では女性の当選者が半数を超えた）であった。さらに選挙制度の観点からは、区議会議員選挙が実施された21区の選挙区のうち、3つの選挙区で、当選者と落選者との票差が1票ないしは1票未満という異例な結果であった。この僅少差というのは、同姓または同名の候補者間で比例案分された案分票による小数点を切り捨てた結果の票差である。案分票による小数点以下の得票数を加算した実際の票差は、新宿区と中野区において、1票にも満たないコンマ何票という世界であり、また世田谷区においては1・3票差であった。

これをわかりやすく説明するために、これらの3区の事例を具体的に掲げる。

・新宿区の選挙結果

新宿区においては38名の定数に60名が立候補して、投票総数は約10万票であり、最下位の

38位の当選者が1569票、39位の次点・中村候補が1票差の1568票で落選した。実際のところは、立候補者の中に中村姓が2名いたが、投票用紙に、「中村」と姓のみが記された票が4票あったので、その票を、2名の中村候補の得票数に案分比例して分けた結果、39位の中村候補には1・701票が加算されて、実際の得票数は1568・701票となった。従って中村候補は、1票差というよりも0・299票の差で落選した。

・中野区の選挙結果

中野区においては42名の定数に60名が立候補して、投票総数は約11万5千票であり、最下位の42位当選者が1585票、43位の次点・田中ヒロシ候補が1票差の1584票で落選した。実際のところは、立候補者の中に、「田中」姓が2名、さらに「ヒロシ」名が2名いたが、投票用紙に「田中」または「ヒロシ」とのみ記された票が1票ずつあり、田中ヒロシ候補は両方の案分加算を得た結果、1484・585となり、実際は0・415票差で落選した。

・世田谷区の選挙結果

世田谷区においては50名の定数に75名が立候補して投票総数は約34万票であり、最下位の50位当選のおおば（大庭）正明候補は3621票、次点で落選の三井候補は3620票であった。実際のところは、立候補者の中に「おおば」姓が2名（もう1名は大場）いたが、投票用紙に「おおば」とひらがなで姓のみが記載された票が10票あり、おおば候補の票にはこの案分比例票の6・307票が加算された結果、3621・307票となり、1・307票差で当選した。

案分比例制度は、投票者の意思を正しく反映しているか？

国政選挙の場合には、大接戦であったと評される選挙区の結果でも、100票以内の票差で当落が決まることはまずない（2021年の総選挙においては、当落の最小票差は133票）。従って、多少の案分票があっても、選挙の当落に影響を及ぼすことを懸念する必要はない。それに比して、区議や市町村議などの地方選挙においては、有権者数に比して候補者数の割合が高いので、当落の票差が僅差になることが多い。今回の東京の3つの区議選挙に見るように、1票差で当落が分かれるような場合には、案分票の意味が極めて大きくなる。今回の選挙においても、案分票に区分された疑問票を書いた投票者のうちの一人でも、候補者の氏名を正確に書いていれば、3つの選挙区とも当落の結果は異なっていた可能性が高い。以上に見るように、今回の区議選挙では3つの選挙区において、案分比例制度が当落を決定したといえる。この制度は、一見、合理的にも見えるが、投票者の意図を正確には反映していない機械的な得票数決定方式であり、これによって当落が分かれることには多大な疑問を感じざるを得ない。

自書式投票と記号式投票

案分比例制度は、主として自書式による投票制度の下で生じるものであり、記号式投票制度の下では、無効票は大幅に減少する。諸外国では、先進国、途上国を通じて日本のように自書式で選挙が実施されている国はほとんど例がない。多くは記号式、即ちあらかじめ印刷された候補者名簿の上覧に○をつける方式が採用されている。この方式であれば、投票用紙に記載された氏名の書き方などで、判断が難しい票はほとんどなくなり、案分比例方式も、まず必要がない。日本の場合には、世界に誇る識字率の高さを背景に、国政選挙はすべて自書式で実施されている。もっとも1994年の公職選挙法改正によって、自書式から記号式に変更する公選法改正が成立したが、一度もそれを実施することなく、翌年に、自民党の反対で再び自書式に戻ることとなり、現在に至っている（当時、自民党内において、知名度の高い現役議員にとっては、自書式の方が有利との考えが強かったためと伝えられている）。

他方、地方選挙についていては、各自治体が条例を定めることにより、記号式で行うことが可能である。実際のところ、今回の統一選挙の対象となった大分県と島根県の知事選挙を含め、全国で5つの県において、知事選挙が記号式で行われた。また市区町村長については、全国の12％に当たる214の自治体において、記号式が導入されている。

無効票の問題も大きい

世田谷区の選挙管理委員会によると、今回の区議選挙において白紙を含む無効票が9879票あったが、これは投票総数の2・86％であり、そのうち投票用紙に記載された候補者の名前が判読できなかった票が数多くあったとのことである。これに関して、1票差で落選した候補者は、案分比例票の妥当性や無効票の判断の適切性など理由として、開票結果に対する不服の申し立てを行ったが、東京都選管の判断として、当落の結果に影響を与えるような状況は存在しないとの理由で、申し立ては却下されたとのことである。また無効投票率は中野区議選挙においては、1・76％、新宿区議選挙においては1・66％と比較的高い比率が示されたが、この大きな原因は、投票が自書式行われているので、どの候補者の氏名を記載したのか判断が不可能な疑問票が多数存在したことによる。ちなみに今回の統一地方選挙の一環として実施された大分県知事選挙においては、県の条例に基づき記号式投票が行われたが、この選挙における投票総数478940に対して無効票は4908で、無効投票率は1・02％であった。また2022年に同じく記号式により実施された熊本県の知事選挙においては、無効投票率は0・4％と極めて低かった。

記号式投票の普及を

記号式投票の利点は、○印をつけることにより、投票された候補者氏名が明白となって、案分票の出現を妨げることができるほか、候補者名を書く必要がないので、判読困難による無効票も大幅に削減可能となる。即ち、より公正、公平な選挙の実施が可能となるのである。さらに、記号式にすると、開票にかかる時間も人件費も大幅な節約ができるという多大なメリットがある。

今回の東京都の区議会議員選挙における案分票の問題がクローズアップされたことを契機として、首都東京においても、記号式を導入するための条例を速やかに制定することにより、この制度が全国的に普及されることが望まれる。記号式投票の問題点としては、あらかじめ候補者の氏名を投票用紙に印刷する必要があるので、公示日から投票日（期日前投票を含む）までの短い期間にそれを印刷して、投票所まで届けることが容易ではないとの指摘が行われる。しかしながら、世界のほとんどの国でそれが支障なく行われており、日本国内でも既に1割以上の自治体で実施されていることを見れば、記号式投票が全国すべての自治体及び国政選挙で実施できない理由はないと考える。（2023年5月8日 記）

トランプ再選の可能性は低い

――勝敗を決するのは、接戦6州の帰趨

登　誠一郎

【はじめに　2024年2月5日】

2020年の米国大統領選は、筆者がこの原稿で予測した通り、現職のトランプ大統領の敗北に終わった。それから3年半近くが経過し、再び米国の大統領選挙が近づいている。今回の選挙は、バイデンの再選かあるいはトランプの復活かという争いになるとみられているが、その帰趨を占うに際しては、2020年の大統領選挙の経緯と問題点が参考になると考え、本稿を編集して掲載する次第である。

28年ぶりの現職大統領の敗北か

大統領選挙の投票日まで1週間となった現在、このまま突発的な事態、事故などが発生しない限り、トランプ再選の可能性は極めて低いと考えられる。即ちトランプは、戦後で4人目の再選を拒否された大統領となるであろう。その3人とは、フォード、カーター、ブッシュ（父）であるが、そのブッシュが敗れた1992年の選挙については、私は、ワシントンの日本大使館公使として身近にフォローしていた。その年の初めまでは、湾岸戦争に圧勝したブッシュの人気は極めて高く、再選間違いなしとの見通しであった。その後、人種暴動、貧富格差の拡大、景気の落ち込みなどによる国民の不満が高まり、直前の世論調査ではクリントンと拮抗していたが、鍵となったのは危機的な経済状況に対する国民の受け取り方であった。現地の大使館内では長期間にわたる情報入手と分析に基づいて侃々諤々の議論を行った結果、経済的な影響を最も重視すべしとの観点から、投票日前日の11月2日に、栗山駐米大使から渡辺美智雄外務大臣あてに、「クリントン勝利の見込み」の公電を発出した。現地の大使として現職大統領の敗北予測を報告するのは、相当に勇気がいることであった。

転じて今回の選挙の場合は、トランプ大統領の4年間の実績への失望、並びに人格、態度などへの国民の反感が高まり、あと4年間国政を任せたら、国内的にも、国際的にも取り返しのつかない状況に追い込まれるのではないかという国民の深刻な危機感が、現職の再選を拒否する決め手となると考えられる。

今回の選挙は4年前とはどう違うのか

内外の多くのメディアや評論家が用いているリアル・クリア・ポリティクス（RCP）社の世論調査によると、直前の支持率は、バイデン50・8％、トランプ42・7％で、その差は8・1ポイントである。この数字よりも重要なのは、それぞれの獲得選挙人の数であるが、確実あるいは大きく優勢と見られるのは、バイデン232（20州及びワシントンDC）、トランプ205（24州）とされている。この意味するところは、総数538のうち437（44州及びワシントンDC）はほぼ確定していて、接戦が繰り広げられているのは、6州（フロリダ＝29、ペンシルバニア＝20、ミシガン＝16、ノース・カロライナ＝15、アリゾナ＝11、ウィスコンシン＝10）のみであり、これらのすべてでバイデンがリードしている。

しかし、前回2016年の選挙においては、直前の世論調査におけるヒラリー・クリントンのトランプに対するリードはそれ以上であったのに、実際は6州すべてで敗れ、306対232と大差がついてしまった。内外の評論家の中には、この前例を挙げて、世論調査はトランプ票を過小評価する傾向があるので、今回もトランプの逆転勝利は十分可能性があると議論する人も少なからずおり、ワシントンではこれをデジャ・ブ（Deja vu）、即ち「過去の再現」と称されている。果たしてそうなるのであろうか。私の分析では、今回の選挙は、4年前とはいくつかの重要な要素が異なるので、前回とは事情が大きく違い、トランプの逆転は困難と考える。その第一は、世論調査各社とも、前回誤った予測の原因となった調査の手法と解析について、名誉挽回とばかりに大きな改善が加えられていること、第二に、前回にはなかった民主党を有利にする現象がいくつか現れていることである。

世論調査の精度

まず、4年前の世論調査が大きく外れた原因と今回の違いを見てみる。

①「隠れトランプ」の存在

前回は、本当はトランプ支持であるが、それを公言することが憚れるので、態度未定としたか、もしくはクリントンに投票すると嘘の回答をした人が多数存在した。しかし今回は、現職の大統領であり、その政策も明白なので、トランプ支持を隠す理由もない。従って「隠れトランプ」の数は大きいとは考えにくい。

② 投票態度未定者が多数

通常の大統領選挙では投票態度未定者は5％程度であるが、前回の場合は、両候補とも決め手に欠けていたため、それが13％と多数に上っていた。これらの人々は世論調査に対しては「未定」と回答していたが、実際は、投票日の直前に明らかになったクリントンのメール事件などにより、多くがトランプに流れたとみられている。今回は、接戦6州における態度未定者は5～7％であるので、その影響は前回ほど大きいとは言えない。

③ 郵便投票の増加

国土が広大な米国においては、伝統的に郵便投票が多く利用されており、通常では有権者の20～25％であるが、今回はコロナの影響で人との接触を避ける考慮から、郵便投票用紙の自宅郵送を行う州が増加している。その結果、既に6000万人近くが事前および郵便による投票を行ったと推計されており、最終的には、前回の2倍を超えると見込まれている。郵便投票自体が民主党に有利な制度とは考えられないが、これにより投票率が上昇することは、多少民主党有利に働くことは否定できない。

④ コロナの影響

世界最大の850万人以上のコロナ感染者と22万人以上の死亡者を出したことについて大統領自身の責任を問う声は極めて大きく、これが投票に反映されることは容易に想像がつく。特に接戦6州の状況を見ると、死亡者数はフロリダ5位、ペンシルバニア8位、ミシガン10位と重要州でコロナの影響が厳しい状況になっている。また感染防止のために密を避ける考慮から、劇場型の集会が予定通りには開催しにくいことも、トランプには不都合である。

⑤女性票の行方

前回の選挙における女性票の行方は、ヒラリー・クリントン54％、トランプ42％だったが、白人女性のみについて見ると、クリントン43％、トランプ51％と逆転しており、クリントンは嫌いだという多くの白人女性の厳しい反応がクリントン票全体の減少を招いた。今回はハリス副大統領候補が女性にも人気が高いことを反映して、女性の支持は、バイデン60％、トランプ37％となっており、女性の民主支持が前回から6ポイント増（トランプは5ポイント減）という数字の意味は大きい。

⑥ヒスパニック票の動向

米国の有権者を構成する人種の中で、最も人口増加が著しいのはヒスパニックであり、その民主党支持率は約7割に達する。接戦6州について見ると、フロリダ及びアリゾナの有権者に占めるヒスパニックの割合は、それぞれ20・5％及び23・6％であり、その比重は大きい。またトランプが絶対に必要としているテキサスについては、ＲＣＰの世論調査平均値では4ポイントトリードして「トランプ優勢」のカテゴリーに入っているが、同州のヒスパニックの支持率では逆にバイデンが数ポイント以上リードしており、予断を許さない。

トランプが勝利に必要な選挙人数270を得る可能性は極めて低い

以上を総合すると、今回の大統領選挙ではバイデンの強さが際立っており、RCPの世論調査平均値でも、バイデン当選の確率は87%としている。この意味するところは、トランプにも13%の当選確率があるということである。具体的には、今後もし、人種がらみの暴動の発生、コロナ感染の大幅拡大、経済情勢の極端な好転などの状況が発生した場合には、選挙人獲得においてバイデンを上回る可能性があり得る。そのためには、トランプが現在の時点で確実及び優勢とされてている24州、205人のすべてを現実に獲得したうえに、接戦6州において65人（少なくともフロリダを含む4州またはフロリダ、ペンシルバニア、ミシガンの3州）以上を獲得する必要がある。

しかしながら、既に述べた2016年の選挙との相違に鑑みると、このハードルは極めて高いと言わざるを得ない。また、トランプが優勢と色分けされている4州については、オハイオ、ジョージア、アイオワの3州における両候補の差は1ポイント前後の微差であり、テキサスについても急増しつつあるヒスパニック票ではバイデンが圧倒しているので、トランプがこの４州で実際に勝てるか否かは確定的ではない。他方、現在のところバイデンが勝つとみられている20州及びワシントンＤＣについては、トランプが切り込む隙はほとんどない。

トランプは大統領選挙の結果を尊重するのか

今回の大統領選挙の最大の特色は、毎日数万人規模で増加し、合計８５０万人以上という米国民が新型コロナに感染（その数は日本の90倍）し、その収束の見通しが全く立たない中で選挙戦が戦われていることである。この大きな原因は、トランプが当初コロナを風邪程度と軽視して、有効な対策をとらなかったことが明らかであるのに、本人はコロナの蔓延をひたすら中国の責任として開き直ってきた。これが支持率でバイデンに８％近い差を付けられている大きな要因である。

今回の選挙で郵便投票が広く用いられることにより、州によって郵便票の締め切り日時もまちまちであるので、その開票に多大な遅れが生じて、得票数の確定が投票の当日や翌日中には行われない事態も十分予想される。通常の場合には開票結果が明らかになった時点で、敗者が勝者に電話で祝意を述べて当選者が確定するのであるが、トランプは、もし選挙に負けた場合は結果を受け入れるか、とのメディアの問いに対して一貫して、Let's See（どうなるか様子を見よう）と答えをはぐらかしている。これは、近世の民主主義の根幹である「平和的権力移譲」を当然視しないものとも受け取られ、不気味な対応である。

今後の課題

前回の2016年の選挙結果のように、国全体での得票数が287万票も少ないトランプが当選するという現実は、誰が見ても今日の民主主義を正確に反映してはいない。いくら伝統であるとはいえ、国民による直接選挙ではなく、選挙人という代理の者が大統領を選ぶ合理性はあるのか疑問である。また同選挙により選ばれた選挙人の何人かは、大統領選挙の結果として決まったその州の結論とは異なる候補者に投票したと伝えられている。今回の大統領選挙においても、トランプ陣営では、「選挙人は、大統領選挙の結果どおりに投票するのではなく、どちらの候補に投票するかは、その州の州議会の決定に従う」ことを検討していると伝えられる。もしこのようなことがまかり通ると、そもそも1年以上にもわたって莫大なエネルギーと資金を使って行ってきた大統領選挙のプロセスとは何だったのかという根本的な疑問が沸く。

しかし、このような選挙人投票制度は憲法上の制度であり、修正のハードルは極めて高い。そこで民主党が主導して、既に16の州では、民意をより正確に反映させるため、大統領選挙の一般投票で多数をとった候補者に自動的にその州の全選挙人を与えるという趣旨の「全国一般投票州際協定」が成立している。この協定を批准している州の選挙人数は約１７０であるが、これが２７０越えるとこの協定は発効する。これは解決法の一例であるが、今回の選挙の経緯及び帰趨は、今後の大統領選出の在り方について、米国国民に対して深刻な問題を提起することになる。（２０２０年10月27日 記）

あをによし
寧楽の京師は
咲く花の
薫ふがごとく
今盛り
なり

田児の浦ゆ
うち出て見れば
真白にぞ
不尽の高嶺に
雪は降りける

作：宇治敏彦

台湾の新総統に頼清徳、民進党政権が継続

――どう対応↓龔正上海市長の台北訪問

星野元男

1月13日に投開票が行われた台湾総統選挙で与党・民進党の頼清徳候補（副総統）が58万6019票（44・05％）を獲得して当選した。最大野党の国民党の侯友誼（新北市長）は567万1021票（33・49％）、民衆党の柯文哲（前台北市長）は369万0466票（26・46％）だった。1996年の総統民選以来同一政党の3期連続は初めて。同時に行われた立法院選挙で国民党が52議席、民進党が51議席と拮抗し、民衆党が8議席でキャスティング・ヴォートを握った。

総統選挙が公示された昨年12月15日の直前に野党協力の「藍白合」（藍は国民党、白は民

衆党）という野党選挙協力構想が決裂した時点で予想された通りの結果となった。総統選挙と立法院選挙が同日なので、野党総統選候補の一方が出馬を見送れば立法院選挙で不利になるので、野党協力はもともと困難だった。蔡英文総統は5月に2期8年で退任し、頼清徳総統、蕭美琴副総統（前駐米台北経済文化代表処代表）が就任する。民進党政権の継続なので、台湾海峡の両岸関係は直ちに大きな変化はない。中国は今秋の米大統領選挙の動向を注視している。

米国のバイデン大統領は13日に「台湾の独立を支持しない」と語り、ブリンケン国務長官は同日、頼氏当選を祝福する声明を発表、「台湾の民主主義と選挙プロセスの強さを改めて示した」「頼氏や台湾の各党指導者と協力するのを楽しみにしている」と表明した。中国の党中央台湾工作弁公室・国務院台湾事務弁公室のスポークスマン陳斌華は1月17日の記者会見で「台湾の二つの選挙（注＝総統選挙と立法院選挙）の結果は、民進党が台湾の民意の主流を代表できないことを示す。選挙結果は、台湾が中国の一部分であるという地位と事実を揺り動かすことができないし、両岸関係の基本構造と発展方向を改変できないし、祖国が必ず統一されるという歴史の大勢を妨げることはできない」と述べた。

中国の党・国務院台湾弁公室は２０２１年以来、「〝台独〟頑固分子」として、蔡英文政権の呉釗燮外交部長、蘇貞昌（前）行政院長、游錫堃立法院長、蕭美琴（前）駐米台北経済文

化代表処代表たちをリストに挙げ、「反国家分裂法」「刑法」「国家安全法」などに基づき刑事責任を問うことを表明しているが、蔡英文総統、頼清徳副総統は入っていない。これは民進党政権との決定的な対立を避ける政治的配慮したためでもあった。頼清徳が行政院長時代に自分が「実務的台湾独立工作者」と発言したことがあるにも関わらず、頼清徳を厳しく追及していないのには理由がある。

それは頼清徳が２０１４年６月に台南市長として上海を訪問したことがあるためだ。頼清徳は同６日の楊勇上海市長との会談で「両岸は合作を以て対抗に代え、交流を以て封じ込めに代えることを追求すべきだ」と発言し、楊勇市長は「上海は台湾各界との友好往来を強化し、相互利益、ウィンウィンの関係を促進したい」と述べた。また頼清徳は同７日に上海復旦大学の学者たちとの座談会に出席し、「大陸の学者たちが台湾の歴史軌跡を理解することを希望する。そうでないと問題を解決できなくなる」などと発言した。10年前は台湾では馬英九総統時代で、大陸と台湾の地方レベルの交流が活発な時代だったが、上海市長と会談し、中国名門の復旦大学で座談会に出席したのは民進党で頼清徳だけだ。これは蔡英文との大きな違いだ。今回の総統選に出馬した侯友誼（国民党）は２０１０年に台湾中央警察大学校校長として北京を訪問し、柯文哲（民衆党）も台北市長の２０１５年、２０１７年、２０１９年に双城論壇で上海を訪問している。３候補者全員に大陸訪問の経験があるという総統選挙は初めてだ。

コロナ禍の後、台北と上海の「双城論壇（シンポジウム）」は昨年から相互訪問が復活し、同8月末に蒋万安台北市長（蒋介石総統の曾孫、蒋経国総統の孫）が上海を訪問し、今夏は龔正上海市長が台北を訪問する。頼清徳が10年前に会談した楊勇市長は亡くなったが、2代後の龔正市長に頼清徳が新総統として会談するかどうか？　また上海復旦大学で頼清徳と会談した学者が上海代表団に参加して台北を訪問する場合に頼清徳と会談するか？　中国の「党中央対台工作領導小組」（組長は習近平党総書記・国家主席）の副組長・王滬寧人民政治協商会議主席は、復旦大学の国際政治系主任から党中央入りし、江沢民、胡錦涛、習近平の三代首脳のブレーン役を務めた。頼清徳が会談した復旦大学の学者たちは王滬寧に直結する。王滬寧自身も復旦大学の国際政治系主任時代の1993年に台北を訪れた。

中国共産党が台湾で民進党を敵とする方針に変化がなければ、龔正上海市長も復旦大学の学者も頼清徳総統との会談を避けるだろう。ただし、今年会談しなくても2年ごとに上海市代表団が台北を訪問するので、対話の機会はある。台湾のニュースサイト「風伝媒」によると、中国の習近平側近の蔡奇党書記処常務書記は杭州市長の2008年、浙江省党委員会常務委員・組織部長の2012年に台湾を訪問した。また李強首相は浙江省党委秘書長の2011年に、丁薛祥常務副首相は上海材料所所長の1998年に訪台し、さらに韓正国家副主席は上海市長の2010年に双城論壇で台北を訪問している。中台間には交流が盛んな時代があった。彼らを重要ポストに就けたのは習近平が台湾に「和平統一」の対話を呼びかけるためだろう。

台湾の総統にとって対米関係が重要で、総統公選挙以来の総統で李登輝（国民党）、馬英九（同）は米国留学、蔡英文（民進党）は米英留学だった。今回の総統選で頼清徳（民進党）は台湾大学区卒の医師出身で米ハーバート大修士、柯文哲（民衆党）は台湾大医学部卒の医師出身でミネソタ大学ツインシティー校の1年研修だが、侯友誼（国民党）は中央警察学校卒の刑事出身で、留米経験はない。4年前の国民党総統候補の韓国瑜も留米経験がなく、8年前の国民党候補・朱立倫（現在の国民党主席）はニューヨーク大博士だった。国民党は最近2回続けて留米経験のない候補者で総統選挙を闘い、敗北した。国民党の候補選出過程で近年は地方のベテラン有力幹部との協力関係が重視されてきた。

現在の台北市長の蒋万安は国立政治大学卒、米ペンシルベニア大学の修士、博士で、シリコンバレーで弁護士活動をした後に帰国し、立法院議員2期を経て2022年11月の台北市長選挙で、史上最年少で台北市長に当選した。1978年生まれで、現在45歳。蒋介石総統の曾孫、蒋経国総統の孫という毛並みだけでなく、若い世代に「イケメン人気」もあり、8年後の総統選挙に出馬が有力視されている。4年後は朱立倫など老世代が出馬の構えを示しているが、蒋万安出馬が早まる可能性もある。今回の総統選挙を伝えた日本のテレビ、新聞の報道ではほとんど蒋万安に触れていなかったが、台湾では「頼清得の次は蒋万安」との見方が有力だ。

中国では昨年12月29日の全国人民代表大会常務委員会で、10月に李尚福国防相を解任して以来空席となっていた国防部長に董軍海軍司令官を任命したほか、丁来杭（前空軍司令官）、李玉超（前ロケット軍司令官）、周亜寧（元ロケット軍司令官）ら9人の上将クラスの代表資格を取り消した。また12月27日の人民政治協商会議の全国委員会主席会議は呉燕生（中国航天科技集団有限公司董事長）、劉石泉（中国兵器工業集団董事長）、王長青（中国航天科工集団有限公司副総経理）の委員資格を取り消した。いずれも空軍、ロケット軍、国防関連企業の汚職あるいは機密漏洩に関連したものとみられる。

習近平党総書記・国家主席は1月8日の第20期党中央規律検査委員会第3回全体会議で反腐敗闘争が「圧倒的勝利を挙げた」としながらも、「形成は依然として厳峻複雑だ」と述べ〝持久戦〟の必要性を強調した。軍は再建中であり、今は戦争をする状態ではない。（2024年1月20日 記）

（ほしの・もとお　安保政策研究会理事、時事通信社台北特派員　香港支局長　北京支局長、時事通信社編集局次長、エレクトロニック・ライブラリー取締役、中国研究所監事）

習近平が毛沢東を最大級の称賛

――劉少奇の子息・劉源は「党内民主」「個人崇拝反対」で論文

星野元男

毛沢東称賛――肩を並べる習近平

中国の習近平党総書記・国家主席は2023年12月26日に北京の人民堂で開かれた毛沢東（元党主席）誕生130周年記念座談会で「毛沢東同志は偉大なマルクス主義者、偉大な無産階級革命家、戦略家、理論家であり、マルクス主義の中国化の偉大な開拓者、中国における社会主義の現代化事業の偉大な創始者であり、近代以降の中国における偉大な愛国者にして民族の英雄であり、党の第1世代中央指導グループの核心であり、中国人民を指導してその運命と国家の様相を徹底的に変えた偉人であり、世界の被抑圧民族の解放と人類の進歩の事業に重大な貢献を果たした偉大な国際主義者であった」と述べ、毛沢東が創始した事業を引き続き前進させていく姿勢を強調した。

10年前の120周年記念の時は「毛沢東同志は偉大なるマルクス主義者、偉大なる無産階級革命家、戦略家、理論家であり、マルクス主義の中国化の偉大なる開拓者、近代以来の中国の偉大なる愛国者と民族英雄で、党の第1代の中央指導集団の核心であり、中国人民の徹底的な自己運命と国家の姿を改変するよう指導した時代の偉人だ」という表現で、「現代化事業の創始者」「国際主義者」を加えた点に新味がある。今回の講話も毛沢東が〝文化大革命〟を発動し、指導したことに言及し、「彼の功績が第一で、過ちが第二であり、彼の過ちが偉大な革命家、偉大なマルクス主義者の犯した過ちだったという全面的な評価をわが党は既に下した」と述べており、称賛だけではない。ただし、毛沢東称賛の言葉が増え、前回は2回あった「鄧小平同志」という言葉が消えたので、毛沢東と肩を並べる様子を伺わせる。

革命・紅2代、3代が勢ぞろい

同年11月6日夜に「劉少奇同志誕生125周年を記念する音楽会」が北京で開かれた。『中国金融網』によると、出席者は劉少奇（元党副主席。元国家主席）の子息・劉源（前全国人民代表大会財経委員会副主任、元解放軍総後勤部政治委員）、娘の劉亭（中国人口福利基金副理事長、全国工商聯女企業家商会会長）のほか毛沢東（元党主席）の外孫の王効芝、周恩来（元首相）の姪の周秉徳、朱徳（元帥、元解放軍総司令）の孫の朱和平（少将）、朱徳の外孫の劉建（少将）、陳毅（元帥、元副総理・外相）の子息の陳昊蘇、華国鋒（元党主席）の子息の蘇斌、秦基偉（元国防相）の子息の秦衛江（中将、前東部戦区陸軍司令員）など。国営通信『新華社』は配信せず、党中央機関紙『人民日報』も掲載しなかった。

会場では劉源が挨拶し、「今日、我々の祖国が繁栄し、富強となり、人民が幸福安康となった。これは劉少奇同志など老一代の革命家が終身奮闘してきた理想だ」と挨拶した。同記事は習近平党総書記の「劉少奇同志の崇高な品徳と高尚な情操は過去、現在、未来を問わず中国共産党人と人民が学ぶべき輝かしい模範である」という発言を引用したが、これは5年前の劉少奇誕生120周年記念する座談会での習近平講話からの引用であり、習近平は出席していない。党中央は毛沢東でも劉少奇でも誕生125周年という半端な年に記念座談会を開かない。このように革命第1世代の紅2代、紅3代がこれだけ集まる会合は事前に関係部門に届けていないはずはないが、習近平周辺はかなり神経質になったと思われる。

劉小奇の子息・劉源が論文――暗に習近平を批判

これに先立ち劉少奇元国家主席の長男である劉源は四川省社会科学院の双月刊誌『毛沢東思想研究』２０２３年第5期（9月刊行）に衛霊（中国政法大学マルクス主義学院教授）との共同執筆による論文「民主集中制を確立堅持し、組織と制度の建設を強化しよう」を発表し、毛沢東の「一言堂」（最高指導者の一言で決定されること）「家長制」「個人崇拝」に反対した劉少奇発言を高く評価した。同論文は1962年に開かれた七千人大会（拡大中央工作会議）で劉少奇が「党の指導は集団の指導であり、個人の指導ではない。党の指導者は民主集中制を執行しなければならない。もし違反すれば、過誤を犯したことになり、党の規律に違反したことになる」と述べことなどを紹介した。同会議は毛沢東が発動した〝大躍進〟がもたらした糧食危機への対策を討議するための会議で、劉少奇発言は政策決定を民主的に行うことの提案だ。党史研究の論文だが、数日でネットアクセス不能となった。現在の習近平の党運営が「集団指導」でない「個人指導」であることへの批判と受け取られる。

劉源は習近平党総書記・国家主席の時代に解放軍総後勤部政治委員として、まず谷俊山総後勤部副部長、続いて中央軍事委員会副主席の徐才厚、郭伯雄の汚職摘発で習近平に協力したが、2016年から全国人民代表大会財政経済委員会副主任委員を務めて引退している。劉源は中国共産党の紅二代、紅三代に影響力があるので、習近平主流派としては無視できない存在だ。

なにを意味する→「長江も黄河も逆流しない」

中国の李克強前首相が2023年10月27日に死去し、遺体は11月2日に北京の八宝山革命公墓で火葬され、習近平夫妻、李強首相ら党政治局常務委員、韓正国家副主席たちが見送った。死因は上海で水泳中の心臓発作と言われ、故郷の安徽省合肥市の旧居や彼が省長と党委書記を務めた河南省の鄭州市の広場でも一般民衆の献花が捧げられた。北京や上海などでは当局が大学などに制約したため、1076年の周恩来（首相）の死去、1989年の胡耀邦（元党総書記）の死去のような大規模な献花デモは無かった。李克強の死はナンバー2の悲劇として、毛沢東のナンバー2だった劉少奇を想起させた。江沢民党総書記・国家主席はナンバー2だった朱鎔基首相に経済を任せ、党政分離として国務院にほとんど干渉しなかった。胡錦涛党総書記は党政治局常務委員の分業体制に終始した。習近平体制での李克強は「最も弱い首相」と言われたのは、習近平が「一人の支配」に集中したからだ。

習近平への権力集中は、習近平が党総書記就任後に党中央に「領導小組」を設け、自身が組長に就任することで李克強首相の権限を次々に自分の権限の下に置くという形で実現していった。「中央財経」「中央外事工作」など従来の組織に加え、「中央全面深化改革」「中央国家安全」「中央軍民融合発展」「中央全面依法治国」「中央対台工作」などの「領導小組」を成立させ、組長にはすべて習近平が就任した。後に「小組」は「委員会」に改組されたが、重要政策はこの「小組」「委員会」で決定されたので、李克強の自主性が失われた。

独立系サイト『財新網』は李克強死去直後の11月4日に「改革は新しい突破をすべきだ」と題する社論を掲げ、2013年11月の党第18期3中全会10周年を記念して「長江も黄河も逆流しない」として改革開放路線を逆流させないよう呼びかけた。李克強死去で改革開放政策が後退することを懸念したものだ。「改革開放」は鄧小平復活後の1978年末の第11期3中全会で決定されたもので、李克強は2013年3月に就任して以来、「改革開放」の旗を掲げ続けたが、習近平は「国家安全」を最重視した。

習近平は2023年11月6日に北京の人民大会堂で「新時代の楓橋経験」を推進する地方組織の代表を接見した。蔡奇中央書記所常務書記・中央弁公庁主任、李希党中央紀律検査委員会・国家監察委員会書記、陳文清党中央政法委書記（前国家安全部長）、王小洪国務委員・公安部長、呉政隆国務委員・国務院秘書長、張軍最高人民法院院长、応勇最高人民検察院院長が同席した。「楓橋経験」は1963年の社会主義教育運動の初期に浙江省寧波専区諸暨県楓橋区（今の紹興諸暨市楓橋鎮）で「群衆に依拠し、群衆を発動して4類分子（地主、富農、反革命、悪分子）に対する専政を強化した経験」のことで、1963年に現地を視察した謝富治公安部長が毛沢東に報告し、毛沢東が11月22日に各地で試行を経て広く推進するよう謝富治たちに指示した。今年はその60周年にあたる。〃文化大革命〃の間は中断され、文革終了後に再び重視されたが、1978年末以来の「改革開放」時代には低調になり、1989年の〃六四天安門事件〃の後に再評価されるようになった。2003年の40周年記念大会では習近平党浙江省委員会書記が報告し、2023年10月の第20回党大会の習近平報告では「社会ガバナンスの整備」の中で「新時代の楓橋経験の堅持、発展」が強調された。

「新時代」とは習近平が党総書記に就任した2012年以降を指すが、国務院の公安部、国家安全部、党中央紀律検査・国家監察委員会を中心として「反国家」「反共産党」「外国のスパイ」「汚職」などの取り締まりを強化することは習近平政治の最重要な柱だ。2023年7月から施行された「反間諜法」改正法で一般の国民と組織にスパイ告発義務を課したこともあり、「群衆に依拠し、群衆を発動」する楓橋経験のために公安部主導で民衆が告発し合う事態を招く懸念も出ている。中国で「反間諜（スパイ）法」が改正されたのは重大な機密漏洩の事実が発生したからだと推測される。中国ロケット軍基地の詳細を暴露した米国空軍大学『中国ロケット軍編成』が2022年秋に刊行され、これに米国に留学していた中国ロケット軍幹部の子弟が関係していたとの憶測も出ている。ロケット軍の李玉超司令員と徐忠波政治委員、各副司令員の全面入れ替え、魏鳳和前司令員（前国防相）の消息不明がそれを伺わせる。

タガが緩むか――3期目の習近平体制

習近平の総書記第3期目に入り、国際会議だけでなく国内会議への出席も減り、代わりに党政治局常務委員会ナンバー5の蔡奇書記処常務書記・党総書記弁公室主任・国家主席弁公室主任が習近平の講話を代読することが増えて、李強首相の影が薄くなり、蔡奇が〝党副総書記〟の印象を与えるようになってきた。

習近平主流派の福建閥の代表は蔡奇と黄坤明党政治局委員・広東省党委書記だ。蔡奇は福建省の三明市長、黄坤明は竜岩市長の頃に習近平の指導下に入り、習近平が浙江省党委書記に転任した時にそれぞれ浙江省衢州市、湖州市に移り、蔡奇は北京市党委書記を経て、黄坤明は党中央宣伝部長を経て現職に就いた。浙江閥は李強が習近平浙江省党委書記の時に秘書長を務め、江蘇省党委書記、上海市党委書記を経て2023年3月に首相となった。陳敏爾は浙江省党委宣伝部長として習近平に仕えた後、貴州省党委書記、重慶市党委書記などを経て党政治局員・天津市長となっているが、地方回りが長い。習近平派が党内で多数を占めれば、次は習近平主流派内部で闘争が起きる。

こうした中で2023年9月22日に海外の「中国前線」(chinafrontline)と称するブログスポットに「中国総理李強妻子林環簡歴、総理李強女児李頴簡歴」と題する文章が掲載された。この記事は林環夫人と〝政商〟の関係として高紅冰(アリババ研究院院長)などを挙げ、李強がアリババ集団創始人の馬雲を日本から中国に帰国させた際に林環夫人と高紅冰の個人的関係を利用したと書いた。また娘の李頴について、
①世函盛建築設計コンサルタント(上海)有限会社で仕事をしている②女婿(Hardie Christopher Forbes)が英国籍(スコットランド人)で、同社設立の法定代理人だ③同設計事務所が2012年に寧波日報報業集団の本部ビルを受注した時に李強が浙江省長だった——

などと書いた。内容の真偽はともかく、中国内部の特定の人でなければ知りえないことを含む。李強に敵対する勢力の動きで、反習近平派の工作と見られる。習近平体制のタガが緩んできたようだ。（２０２３年11月25日 記／２０２４年２月加筆修正）

大海の荒磯の渚鳥
朝な朝な見まく欲しきを見えぬ君かも
作：宇治敏彦

習近平は「無我」、共産党員に「自我革命」を要求
――マルクスと孔子を結合、「内聖」「外王」で皇帝化

星野元男

無我になり人民にそむかない！

マルクスと孔子が湖南省長沙市の湘江西岸にある岳麓書院で仮想会談をするという番組が２０２３年10月９日に中国湖南省のテレビのゴールデンアワーに放映された。中国共産党中央機関紙『人民日報』は10月10日に、習近平党総書記・国家主席の「マルクス主義の基本原理と中国の具体的実際、中華の優秀な伝統文化の結合」という「二つの結合」を象徴的に表したものとして紹介した。

習近平は「私は無我になり、人民にそむかない」(「我将無我、不負人民」)として、最高政治権力者が内面的に「聖人」になるという「内聖・外王」の姿勢を堅持して、中国伝統の

皇帝のようになってきた。また習近平は2022年の共産党第20回大会で党幹部に「自我革命」を推進し、「自我完善」「自我革新」「自我提高」に努力するよう呼びかけた。中国は「社会主義初級段階」を堅持することに懸命で、政治経済的に革命することは許されない。最近の不動産バブル崩壊で経済に暗雲が立ち込めているが、適切な対応策も取られないまま共産党員と国民は内面的な道徳革命を強制されている。これは唯物主義でなく、唯心主義に近いと言える。

マルクスと孔子の仮想会談の番組は党湖南省委員会宣伝部、湖南省政府ラジオテレビ局、湖南ラジオテレビ放送局などが作成した30分番組5回分。中国の歴史家・郭沫若が1925年にマルクスの「共産社会」が孔子「大同世界」と似ていることを書いた文章を踏まえてのもの。番組ではマルクスが全人類の解放に努力することで孔子の〝大同世界〟の理想との一致を証明するという。習近平が2023年6月2日に北京で開かれた文化伝承発展座談会で「マルクス主義の基本原理と中国の具体的実際、中国の優秀な文化伝統と結合する」と述べた講話を宣伝するためだ。米国のVOA放送は10月21日に、習近平の神輿担ぎだと酷評した。

「無我」の思想・「自我革命」を共産党員に拡大

毛沢東時代は「マルクス主義の基本原理と中国の具体的実際」と言っても、「具体的実際」

の内容は「農民起義」であり、革命のための結合だった。〝文化大革命〟の時は紅衛兵が「四旧打倒」で「封建時代のものはすべて悪」として歴史的文物を破壊した。林彪の失脚の後に、毛沢東夫人・江青ら四人組は「批林（彪）批孔」の運動を推進し、林彪（元国防相）批判と併せて孔子まで批判した。毛沢東の死去、四人組打倒の後の１９７８年末の第11期３中全会で「改革開放」の大方針が打ち出されたあと、１９７９年９月末の葉剣英全国人民代表大会委員長の国慶節談話で、物質文明と並んで「精神文明」の価値を認め、過去の中国文明について「精華と糟粕」を区別し、封建時代のものでも「精華」は良いことを明確にした。中国共産党が「精華」と認める範囲は徐々に増えてきて、習近平時代に入り拡大した。習近平は「治国理政」のために儒家の四書『大学』の「修身斉家治国平天下」までも肯定した。

習近平は「我将無我、不負人民」の表現を２０１９年３月にイタリアでフェイカ下院議長との会談で初めて使った。同議長が習近平に「国家主席になった時にどのような心境だったか？」と問われたのに答えたもので、最高指導者の心境を述べたものと理解された。２０２１年11月16日、バイデン米大統領とのビデオ会談でも「私の態度は〝私は無我となり、人民に背かない〟というものだ」と語った時もそうだった。習近平の「無我」については「〝無我〟は〝無私〟〝忘我〟だ」「〝無我〟は〝無畏〟〝捨我〟だ」「〝無我〟は〝無愧〟〝真我〟だ」（新華社２０１９年12月26日）などの解説がある。〝無我〟発言は、２０２３年の国家主席３選に道を開くためと思われた。ところが２０２１年６月29日、党員に与える最高の勲章である

「七一勲章」の授与式で「共産党人の〝私は無我となり、人民に背かない〟という崇高な情懐」を強調した。これで「無我」を必要とする範囲が「共産党人」にまで拡大された。

習近平は2016年7月1日、共産党創立95周年大会が北京で開かれた時に「全党は自我革命の政治的勇気を以て自身の存在の突出した問題について自我浄化、自我革新、自我提高を不断に増強し〔…〕なければならない」と述べた。後に2022年の第20回党大会でも「自我革命」を呼びかけ、翌年には『党の自我革命を論ず』と題する単行本が出版された。

それは「厳しく党を治める」ためで、きっかけは習近平が就任以来、多数の幹部の汚職を摘発したことにある。周永康（元党政治局常務委員）、薄熙来（元政治局委員）や徐才厚（元中央軍事委員会副主席）、郭伯雄（同）まで逮捕、解任し、裁判にかけた。実際は習近平に代わって薄熙来を担ごうとした権力闘争だったが、対外的に公表されたのは汚職だった。

習近平＝伝統的な「内聖」「立徳」に回帰

習近平は2021年3月23日に福建省武夷山市にある朱熹園を訪れた際に、「我々が中国の特色を持つ社会主義の道を歩むにはマルクス主義の中国化を推進しなければならない。我々の文明の精華を発掘し、優秀な伝統文化を弘揚し、その中の精華とマルクス主義の立場と観点と方法を結合して中国の特色を持つ社会主義の道を断固として歩まなければならない」と述べた。これに先立ち習近平は2018年6月、党政治局第6回集団学習会議の時に、朱熹の「国は民を本とし、社稷は民のために立つ」という言葉を引用して民心民意を勝ち取り、民智民力を集めることが重要だと強調したという。その成果が挙がったかどうかは別として、習近平はこのように先哲の言葉を引用するのを好む。習近平の福建省勤務は1985年から2002年、浙江省勤務は2002年から2007年で浙江省勤務の方が短いが、福建省出身の朱熹の影響より、浙江省出身の王陽明の影響の方が強い。王陽明の「知行合一」への習近平の関心は早かった。

2012年秋の共産党第18回大会で党総書記に選出された習近平は2013年7月に河北省を訪れた時に「以知促行、以行促知、知行合一」という表現で知行合一説を提唱した。2016年9月に浙江省杭州市でG20サミットを開いた時の演説で「知行は合一であり、実務的な行動を取る。千の約束は一つの実行に及ばない」と述べ、中国がG20のために具体的な行動をとることを表明した。

習近平は2018年11月の劉少奇元党副主席・国家主席の誕生120周年を記念する座談会での講話で「劉少奇同志は学習に勤しみ、知行合一の輝かしい模範である」と称賛し、劉少奇が書いた『共産党員の修養を論ず』に2回も言及した。『春秋左氏伝』（襄公二十四年）では「立徳」「立功」「立言」を「不朽」とする「三不朽」が記されている。習近平が劉少奇を称賛するのは「徳知」「徳行」に努力した「立徳」の人と評価したためだろう。劉少奇の子息・

劉源（元総後勤部政治委員、元全国人民代表大会財政経済委員会副主任）が軍内の汚職摘発で習近平に協力したことも考慮したかもしれない。習近平は毛沢東を「立徳」の人と考えていないようだ。

習近平は腐敗撲滅のため「家庭、家教、家風」を重視し、「優良な家風の建設」を「党風」（党幹部の作風）建設の重要内容として取り上げている。これを宣伝する中央電視台の番組（2022年2月1日）では「天下の本は国に在り、国の本は家に在り」（『孟子』《離婁》）を引用した。「修身・斉家・治国・平天下」（『大学』）の復活だ。別に非難すべきことではない。江沢民党総書記時代の朱鎔基首相は明末の吉王の子孫で、一族は満人政権の清朝では「吉」の字を「周」姓に隠して、辛亥革命で清朝が倒れて明朝本来の「朱」姓に戻した。胡錦濤党総書記は明朝嘉靖帝時代に兵部尚書を務めた胡宗憲の子孫だ。胡宗憲は王陽明の再伝弟子だった。習近平は共産党革命第二世代の子女代表として登場したが、修身論として伝統的な「内聖」「立徳」に戻りつつある。（2024年1月8日 記）

人知を尽くした「完璧な福島処理水」

――中国：国民感情を追い込む〝いき過ぎた批判〟

浅野勝人

フランスの国際放送「ラジオ・フランス・アンテルナショナル」（ＲＦＩ）が、８月28日、日本の原発処理水海洋放出に関する中国のＳＮＳ・微博（ウェイボ）のインターネット・アンケートを紹介しました。それによると、「あなたが日本の核汚染水海洋放出に言いたいことは？」と問いかけ、回答の選択肢は「断固反対、強烈に非難」「子孫や次世代、全人類を害する」「日本は必ずや歴史の恥辱の柱に打ち付けられるであろう」の３つだけ。アンケートの結果、「日本の放出に理解を示す人は一人もいなかった」と揶揄《やゆ》するのが目的としか思えないと皮肉を込めて指摘しました。

ドイツのメディアも「中国の原発排水の放射能濃度は日本の処置水をはるかに上回るといわれている。原発廃水放出大国の中国が自らの措置を明らかにしないで、日本を批判するのは偽善的に映る」と述べています。

完璧な処理水に露骨な非難

福島の場合、原子炉の冷却に使われた134万㎥の放射線未処理水を貯蔵したタンクは1000基を超えています。どこの国でも冷却に使用した廃水をいずれ放出しない限り、原子力発電の継続は不可能です。問題は、安全性が確保されているかどうかです。

福島の処理水は、廃水に含まれる放射線物質を多核種除去設備（ＡＬＰＳ）で安全基準を下回る水準になるよう取り除いていますが、69種類の放射性物質のうちトリチウム（三重水素）だけは除去できません。放射能を帯びた水素が酸素と結合してトリチウムとなり廃水に混在します。このトリチウムは水と同じ性状なので分離するのが極めて難しく、世界中の原子力発電所から、安全基準を遵守して海洋に放出されています。24日に海に放出された処理水は、１ℓ中のトリチウムを国の安全基準・6万ベクレルの１／40未満（１５００ベクレル未満）に抑えられており、放出に立ち会った国際原子力機関（ＩＡＥＡ）は放出条件の国際安全基準をはるかに下回っていると認めています。放出後毎日、放出（放水）口付近の海水を分析していますが、ほとんど検出限界値以下（小さい水準なので検出できないレベル）であり、検出されたのは2回だけで、10ベクレル程度（安全基準の１／６０００）でした。

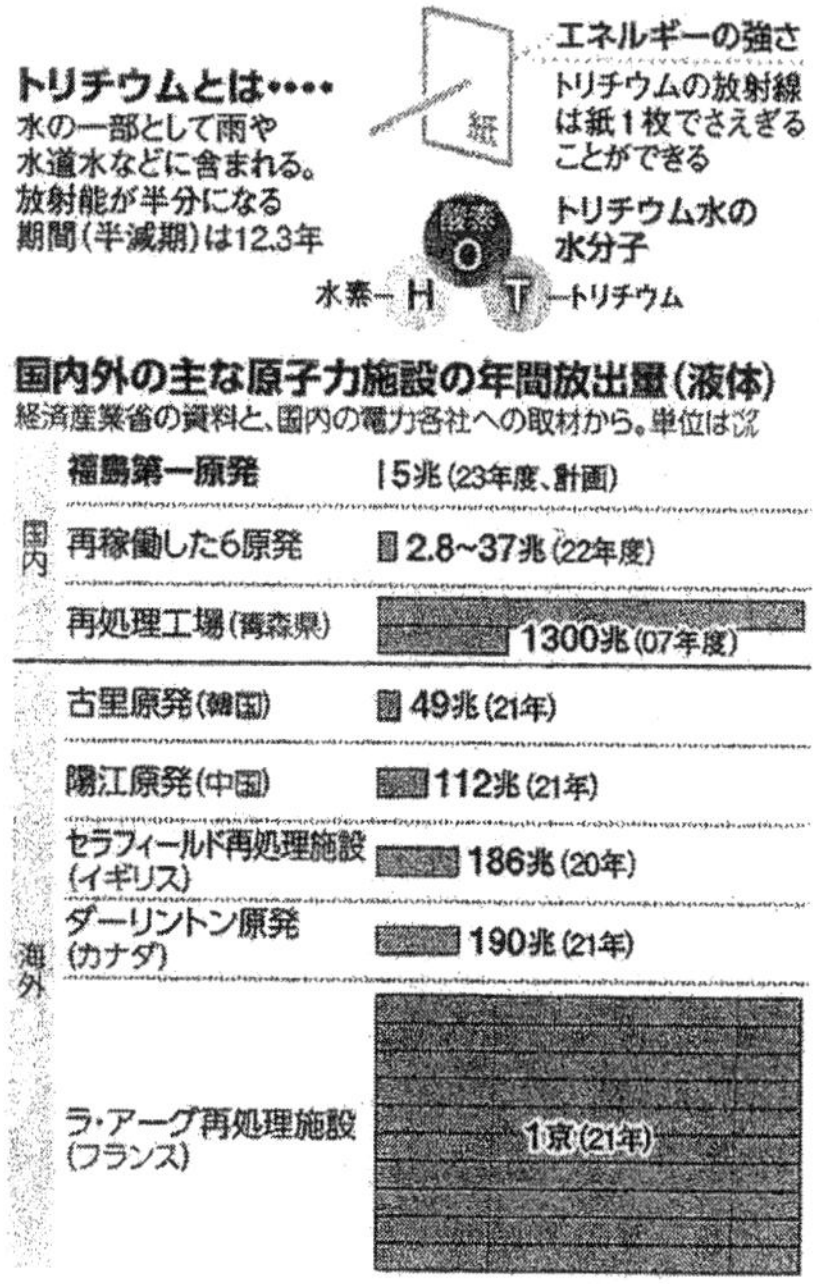

（朝日新聞より掲載）

人知を尽くして先端技術を安全性の確保に結集した成果です。特に放出後の海水の調査については、今後、すべての数値を公表してアジア・太平洋地域諸国に不安を与えないよう万全を期す方針です。

ですから中国（香港、マカオ）に賛同して日本を非難している国は、北朝鮮とロシアくらいです。中国政府のスポークスマンが、記者の質問に逆に反論して「放出に賛成している国がアメリカ以外にあるか」と問われたら「8月のNPT（核不拡散条約）の会議では、57の国・機関が発言したが、批判的発言を行ったのは中国のみ。スペイン、カナダ、アメリカ、フランス、イタリア、イギリス、ベルギー、ニュージーランド、マレイシア、オーストラリアの10カ国が日本支持を表明しました。韓国政府はじめ世界中の国が、安全性に最大限の努力をしたやむを得ない措置と了解しています」と述べて、中国を除く世界の国々が日本の処置を評価していると答えます。

従って、日本政府は明示的ないしは暗黙の理解を示してくれている世界の国々に対して無制限の責任を負う責務があります。

大平正芳〜周恩来が「夢」のよう！

中国政府は、処理水放出を待って日本の水産物、水産加工品の輸入を全面禁止しました。中国への輸出に頼っている日本の水産業界にとっては計り知れない痛手ですが、それだけに留まらず、日本商品のボイコットや嫌がらせ電話が頻繁です。人々の目を外に向けて内政批判をそらすためか、半導体など対中国輸出規制に関わる緩和交渉の切り札にするつもりか、狙いはともかく度が過ぎた嫌がらせです。日中双方の国民感情を対日嫌悪、対中嫌悪に追いやって不幸にするだけです。

日中国交正常化を実現した田中角栄・大平正芳と周恩来。以来、度重なる大平・周恩来会談に同行した若いNHK政治記者の目に相互信頼の絆が焼き付いています。覇権を求めないことを誓い合った日中平和友好条約を締結した福田赳夫・園田直と鄧小平。尖閣諸島の領有権の争いを棚上げして平和条約に合意した園田直と鄧小平の大人の政治決断を人民大会堂前から初の衛星放送でレポートした忘れがたい経験。あの当時、日中双方の国民の80％が相手を「好ましい、好きな国」と答えたのが、いまとなっては夢のようです。「日中両国の協調体制こそアジア・太平洋地域の平和と繁栄の要」と言った周恩来のことばが忘れられません。

いま、中国を好ましい、好きな国という日本人を見つけるのは容易ではありません。いつから、誰が日中関係をこんな姿にしてしまったのか。半世紀にわたって、ひたすら日中相互理解の深化に努め、公職引退後も北京大学で講義したあと、学生たちと肝胆相照らして語り合ったのを〝無〟に終わらせたくない。福田康夫、河野洋平両氏をはじめ古賀誠、二階俊博各氏らが同じ思いの方々と確信していますが、日中問題に関する限り絶滅品種とささやかれています。あきらめずに品種の拡大につとめるしかありません。

それでも相互理解の努力が必要

今回の嫌がらせ的手法は、中国の常とう手段と受け取るのが妥当でしょう。しばらく煽《あお》りに煽って、まもなく収める。従って、過剰反応しないことが肝要です。むしろ対中政策はアメリカを参考にすべきと考えます。

朝日新聞によると（8月18日）アメリカの調査機関ピュー・リサーチ・センターが、今年、主要国で中国と台湾に対する好感度を調べたところ、米国では、台湾に好感を抱く人が54％、中国は3％。日本では台湾が71％、中国が1％でした。また、米国人の中台両国に対する好感度を100点満点で調査を続けているアメリカのシンクタンク、シカゴグローバル評議会のデータによると、台湾は2022年に60点となって最高得点を得たのに対して、中国は最低の32点に落ち込んだそうです。親台湾の傾向は、ここ数年、アメリカの世論でも広がっているとコメントしています。

指摘したいのは、アメリカ政府は国民世論の動向を承知の上で、中国に対して敵対政策をとりながらも折り合う落としどころの模索を放棄していません。米中両国は、台湾海峡を挟んでにらみ合いを続け、情報・軍事に関わる先端技術の輸出入規制をめぐって角突き合わせています。ところが、その一方でアメリカ政府は商務長官を北京に派遣して中国側カウンターパートと通商貿易の拡大交渉をしています。(8月28日) 年内にバイデン・習近平米中首脳会談をセットする瀬踏みとみられています。

来年1月、台湾の総統選挙に与党・民進党から出馬する頼清徳副総統が南米のパラグアイ訪問の帰途、アメリカに立ち寄って(8月17日) 親米候補としてのアピールを期待しましたが、大統領府及び有力国会議員ら要人は面会を避けました。明らかに中国を刺激しないよう配慮した慎重な対応振りがうかがえます。アメリカ政府は台湾(海峡)問題をめぐる日本の過度な発言を歓迎しません。

日本の貿易赤字は、最近の対中貿易の赤字が主な原因です。好むと好まざるとにかかわらず、中国の存在を考慮せずに日本の政治・経済は成り立ちにくいのが実情です。本来、日本の望ましい立ち位置は米中関係の改善に寄与することであったはずですが、現状は逆さまの役割を演じているように映っています。

国交正常化以来、最悪の日中関係が今回の処理水放出にみられる理不尽な中国政府の言動を誘っていると指摘する向きもあります。

日中両国は、アジアで覇権を求めず、協調を基本原則とした「日中共同声明」と「日中平和友好条約」の原点に立ち戻ってみてはどうでしょうか。

日本政府にだけ申し上げているのではありません。むしろ、中国政府により強い思いで申し上げています。その視点から韓国のイニシアティブによる日中韓首脳会談の実現を支持します。そして、3カ国協議を充実させるため、日本政府が「日米中韓太平洋4カ国首脳会談」の実現に向けて努力することを期待します。（2023年9月17日 記）

理解しにくいトランプ支持
——米世論のなぞを解く

渡辺正人

アメリカ大統領選挙が近づくにつれ、ドナルド・トランプ前大統領が勝利したらどうなるのだろうという観測記事が増えそうである。現職として有利な立場にあるはずのジョー・バイデン大統領について、年齢を不安視する声が絶えないだけに気になるところである。

衰えないトランプ人気

私が約10年前にサンフランシスコに勤務していた頃にお付き合いのあった知人が来日した。大統領選の見通しを聞いたのだが、バイデン大統領対トランプ前大統領の対決になる場合にはトランプ氏勝利の可能性が出てきたと語っていた。共和党内におけるトランプ氏の人気は衰えることなく、1月のアイオワ州の党員集会及びニューハンプシャー州の予備選挙では他の候補者を引き離し勝利をおさめた。トランプ氏が2020年の大統領選挙で敗退して既に3年余が経過している。4件の刑事事件で起訴されている。日本であれば復活は難しいと思われるのにトランプ人気が衰えないのはなぜだろうと疑問に思う人は多いのではないだろうか。

トランプ現象の背後にある社会の分断と貧富の格差

既に多くの識者が指摘していることであるが、トランプ人気の背景には、アメリカにおける社会の分断の根深さと貧富の格差の深刻さがあると言われている。アメリカでは富裕層向けの最高税率を筆頭に所得税率が低く、相続税も低く抑えられ、所得格差が固定化されやすい。近年の金融緩和やグローバリゼーションの進行に伴い所得格差は更に拡大したと言われている。アメリカを代表する大都会ニューヨークやロサンゼルス、首都ワシントン、ITハイテク産業の拠点であるサンフランシスコ／シリコンバレーは、東海岸と西海岸にある。成功を収めた富裕層を含めいわゆる「エスタブリッシュメント」が好んで住む地域である。東海岸と西海岸の間には、大穀倉地帯が広がる一方で、中西部にはかつては国力の源泉であった自動車産業等の製造業と鉄鋼等の重工業の集積があった。近年の脱工業化とグローバリゼーションの流れの中において、この中西部において繁栄を支えた白人熟練労働者が困窮化していったことが、トランプ現象を生み出した遠因であると見られている。

2016年大統領選挙のトランプ氏の勝因——ラストベルトの激戦州の戦い

かつて製造業を中心に栄えた中西部の各州には、使われなくなった工場や機械が残り、ラストベルトと呼ばれるようになった。「ラスト」とは錆びを意味する。2016年にトランプ候補がヒラリー・クリントン候補との大接戦を勝ち抜く上で、激戦州であるミシガン、ペンシルバニア等の各州を制したことが大きかった。かつては民主党が強かったこれらの州だが、産業構造の変化に伴い豊かになる人々が現れる一方で、雇用を失った多数の困窮する白人ブルーカラーが取り残された。トランプ氏は、彼らにわかりやすい言葉で語りかけ、アメリカを支配する「エスタブリッシュメント」から政治を取り戻さなければ、正直に働いているアメリカ人の暮らしは取り戻せないと訴え熱狂的に支持された。ヒラリー・クリントン候補が「エスタブリッシュメント」を体現する存在であったこともトランプ氏に有利に働いた。東海岸に拠点を置く主要メディアは、中西部の人々の心の襞を把握できず、トランプ氏の勢いを見過ごしたと言われている。

２０２０年大統領選挙の結果を受け入れないトランプ支持者

現在、トランプ氏は議会襲撃など4つの刑事事件で起訴されている。議会襲撃事件は、２０２１年1月、大統領選挙の当選者（バイデン氏）を確定させる手続きが行われていた議事堂に、選挙は不正であったと訴えるトランプ支持者らが乱入した事件である。アメリカの民主主義にとり汚点となる出来事であった。トランプ氏の勝利が不正に奪われたとの思いが支持者を結束させたようである。トランプ支持者の多くは、起訴は冤罪であると信じて疑わないと報じられている。ニューヨーク・タイムズ、ウォールストリート・ジャーナルなどの世界に名の知られた新聞、雑誌やＣＮＮなどはフェイクニュースしか流さないので見ないし信じないという人々である。トランプ氏は大統領選挙と並行して複数の法廷闘争に臨んでいる。どんなにスキャンダルが出てもトランプ支持の岩盤層は崩れないと見られてきたが、今後の司法の場での判決や判断がトランプ氏の勢いにどのように作用するかは要注目である。

トランプ氏復活を待ち望む人々

２０１６年の最初の大統領選挙から8年が経過している現在でも、トランプタワーや豪華リゾートを保有する不動産王のトランプ氏を貧しい人々が熱狂的に支持している現象は理解しにくい。背後にあるのは、アメリカを不正に支配しているとトランプ氏が非難してきた「エスタブリッシュメント」に対する、「取り残された人々」の間に溜まる怒りかもしれない。トランプ氏が復活すれば、グローバリゼーションの時流と民主党政権下の寛容な移民政策のおかげで、自分たちだけが豊かになりアメリカを弱体化させた進歩的「エスタブリッシュメント」の手から政治を取り戻してくれる、トランプ氏なら不正でインチキな社会や制度を徹底的に立て直してくれる、アメリカを再び偉大な国にしてくれると信じ込んでいる人々である。トランプ信奉者の中核には白人ブルーカラー、宗教保守派などがいると言われているが、最近は、白人以外の黒人やヒスパニック系にも広がりを見せているようだ。

トランプ氏が大統領として復活する場合、アメリカの内政も外交も不確実性が高まることになろう。負ける場合でも、負け方如何では前回のような議会乱入以上の深刻な事態に発展する可能性もあると見る向きがある。アメリカ大統領選挙の行方からは目が離せない。

（2024年2月7日 記）

（わたなべ・まさと　安保政策研究会理事、サンフランシスコ総領事、バングラデシュ特命全権大使、ブルガリア特命全権大使、JICA理事、政策研究大学院大学政策研究員シニアフェロー）

現地レポート　バングラデシュ総選挙と選挙監視活動

渡辺正人

1月7日に南アジアの一角を占めるバングラデシュにおいて総選挙が実施された。政府派遣の選挙監視団団長として首都ダッカに派遣されたので、以下、簡単に報告したい。

政権与党の圧勝

バングラデシュは一院制の議院内閣制の国である（議員定数350人、任期5年）。選挙管理委員会の発表では、小選挙区300議席中223議席を政権与党のアワミ連盟が獲得した。別途の女性留保枠50議席は各党の議席数に応じて各党に比例配分されるが、政権与党が圧倒的多数派となることが確定した。1月11日には、2009年以降3期連続（通算4期）

にわたり政権の座にあるシェイク・ハシナ首相が新内閣を発足させた。

女性リーダーとしてのハシナ首相（現在76歳）の連続首相在任期間は、次の任期中には、16年連続してドイツ首相の座にあったメルケル首相の記録を上回る見通しとなった。

主要野党による選挙ボイコット戦術

同国では1990年代の民主化以降、ハシナ首相率いるアワミ連盟と主要野党のカレダ・ジア党首（現在78歳）率いるバングラデシュ民族主義党の二大政党が概ね5年ごとに政権交代を繰り返していたが、2008年末の総選挙後以降は3回連続してアワミ連盟が圧勝する構図となっている。理由は、2014年初めの総選挙を前にして、政権側が総選挙は選挙管理内閣の下で実施するというそれまでの制度を第15次憲法改正にて廃止したことにバングラデシュ民族主義党が抗議し総選挙をボイコットしたことが発端である。今回の総選挙でも、バングラデシュ民族主義党はハシナ政権に対し、総選挙前に退陣し選挙管理内閣を組織するよう要求したがそれが拒絶されたことにより、総選挙のボイコット戦術を取り、支持者に対し投票しないように呼び掛けるキャンペーンを展開した。その間、街頭における政権与党と主要野党の間の衝突により死傷者が発生し、バングラデシュ民族主義党関係者の中に逮捕される者が相次いだ。

日本を含む各国からの選挙監視団の派遣

日本政府は、民主化支援の観点から、過去にもバングラデシュに対し選挙監視団を派遣してきた。今回の総選挙においても日本政府は選挙監視団の派遣を決定した。私は選挙監視団の団長として、1月5日から8日までの間、世界各地における選挙の国際監視の経験を有する専門家と共に選挙監視活動に従事した。日本からは、我々以外にも茨城県の県会議員経験者他の皆さんが諸外国の人々と共に非政府系の選挙監視団に加わった。多くの選挙監視員は、隣国インドからの選挙監視員のように選挙管理委員会間の提携関係に基づく派遣であるとか、英連邦諸国56カ国で構成されるコモンウェルスや、イスラム協力機構（ＯＩＣ）、アフリカ選挙連盟（ＡＥＡ）等の国境を跨ぐ組織による派遣であり、政府派遣の選挙監視団は日本、中国等少数であった。バングラデシュ当局の発表によれば、日本を含め世界30カ国から約１２０人の選挙監視員と70人の外国報道関係者が選挙管理委員会に登録された。米国からは民主党系及び共和党系双方のシンクタンクから構成される数名の専門家が、欧州連合(ＥＵ）からも４名の専門家が選挙監視員として登録された。日本からはＮＨＫ他のメディアがダッカ市内の投票所等における取材を行った。

平穏が保たれた投票日

投票日の2日前には列車の車両に火がつけられ数名が犠牲となり、前夜には地方の投票所が放火される等の動きがあり心配されたものの、投票日は平穏であった。どの選挙区のどの投票所を監視するかについては選挙監視員の選択に任されていた中、当日、我々は、投票が開始される朝8時前から活動を開始し、ダッカ圏内の5つの選挙区と9か所の投票所を訪れ、うち2つの投票所では開票にも立ち会い監視を行った。我々が訪れた投票所については不正や不審な操作等は確認されず、投票所の周辺も含めて市内は平穏が保たれていた。各投票所は、選挙管理委員会による投票所スタッフに対する事前の説明が行き届いており混乱は見られなかった。投票率については、主要野党が選挙ボイコットを呼びかけたこともあり、選挙管理委員会の発表では約41%であった。

投票日の翌日の8日にはハシナ首相及びアワル選挙管理委員長と面談し選挙監視の活動について報告した。

総選挙に対する評価

英米のメディアは、主要野党による選挙ボイコットやデモでの死傷者のことを繰り返し取り上げ、投票日後においてもハシナ政権の「強権的な姿勢」を批判的に報じ続けている。米国の国務省は、総選挙は公正で自由なものではなく、全ての当事者が参加しなかったことを遺憾に思うという趣旨のコメントを投票日の翌日の8日に発表した。

日本の外務省は、11日、総選挙に至る過程において死傷者を伴う暴力が発生したことについては残念に思うが、全体として選挙は概ね平穏裏に実施されており、これを歓迎するという趣旨の抑制された談話を発表した。

世界各国における民主主義の後退を問題視する欧米諸国の懸念に関しては、インドでは、自国における民主主義について、外国、特に植民地支配の記憶が残る欧米諸国から批判されることに反発する雰囲気がある。民主主義、人権尊重等の重要性を伝えていく意義があることは言うまでもないが、その伝達の仕方に関し、グローバル・サウスに浸透する感情を良く踏まえた対応が必要である。バングラデシュに関しては、政治勢力間の対話に繋がる信頼醸成に向けて日本を含む国際社会がどのような役割を担い得るか、難しい課題ではあるが今後とも真剣に検討していく必要があると感じる。ハシナ政権下の過去10数年間、バングラデシュ経済が右肩上がりの軌道を描き続け、日本企業の進出意欲が更に高まる時期だけにその思いは強い。（2024年2月7日 記）

グローバルサウス外交のすすめ

渡辺正人

10月上旬、自由民主党がグローバルサウスと呼ばれる新興国、途上国との関係強化に取り組む「日・グローバルサウス連携本部（本部長：萩生田光一政務調査会長）」の初会合を開催したと報じられた。10月14日には岸田総理の出席の下、官邸においてグローバルサウス諸国との連携強化推進会議が開催された。

安倍総理（当時）が２０１６年８月にケニアで開始された第６回アフリカ開発会議（ＴＩＣＡＤ）会合において「自由で開かれたインド太平洋（ＦＯＩＰ）」を提唱して以来、ＦＯＩＰは日本の外交戦略の重要な柱と位置づけられてきた。

インド太平洋地域の国々のほとんどは新興国、途上国である。筆者は、インドネシア及びバングラデシュにおける大使館勤務と開発援助の実務に関わってきた経験から、ＦＯＩＰの更なる推進の為には、新興国、途上国を味方につけるグローバルサウス外交を強力に推進する必要があると感じる。

西側諸国とグローバルサウスの国々との間の分断

日本はグローバスサウスの国々や人々の考えに今まで以上に耳を傾ける必要がある。グローバルサウスの国々の世論と日本を含む西側諸国の世論の乖離を示す興味深いデータがある。「分断された世界：中国、ロシアそして西側」（A World Divided: Russia, China and the West, Centre for the Future for Democracy, 2022, 英国ケンブリッジ大学）は、世界各地域の人々の米国、ロシア、中国に対する見方がどのように変遷しているかについて各地域の世論調査に基づき分析した興味深い報告書である。同報告書によれば、世界の先進民主主義諸国に住む12億人のうち、75%が中国を否定的に見ており、87%がロシアを否定的に見ている。これに対し、先進民主主義諸国以外の地域に住む63億人のうち、70%が中国を肯定的に見ており、66%がロシアを肯定的に見ている。ロシアのウクライナ侵略後は、先進民主主義諸国におけるロシアを肯定的に見る人の割合が大幅に減少している一方で、南西アジア地域の75%、東南アジア地域の62%の人々が依然としてロシアに対し好意的な見方を維持していることが記載されている。

日本を含む西側諸国の世論において共感と連帯感を喚起したウクライナの正義が、インド太平洋の多くの新興国、途上国内ではほとんど響かなかった理由のひとつはここにある。

欧米諸国のダブルスタンダードに反発を強めるグローバルサウスの国々

10月7日のハマスによる大規模テロが引き金となった中東危機は、グローバスサウスの国々による米国等西側諸国に対する不信を強める結果となっている。10月下旬、地中海のマルタ島で開催されたウクライナの和平を話し合う国際会議において、参加国の同意が得られずにウクライナの和平を訴える共同声明案の採択が見送られた。その討議において、インドやトルコの代表は、「ガザ地区でも国際法を順守すべきだ」と述べて、ウクライナ侵攻を続けるロシアを非難する一方でイスラエルの立場を擁護するのは欧米側のダブルスタンダードだとする趣旨の意見を表明したとＮＨＫが報じた。

三つの正面を抱える米国とグローバルサウスの国々の取り込みの重要性

激動する国際情勢の下、グローバルパワーである米国の関心と国力が、ロシアとの戦争で苦境が深まるウクライナへの支援、イスラエルへの国際社会の批判が強まる中での中東情勢への対応、そして中国との戦略的競争への対処という3つの正面に割かざるを得ない状況に陥っている。来年が内政上の考慮が優先されがちな米国大統領選挙の年であることも留意すべきであり、また、その結果を世界は注視している。

日米同盟が日本の安全保障のみならずアジア太平洋地域を含む国際社会の平和と安定にも重要な役割を果たしている点は論を俟たない。G7を中心とする西側諸国間の結束の維持も重要である。それに加え、日本は、東南アジア、南西アジア、湾岸・中東地域、アフリカの国々の理解と協力を得ながら、インド太平洋地域における平和と安定のため一層貢献する姿勢を示すべきである。FOIPはそのための格好のプラットフォームであるが、グローバスサウスの国々との連携の強化なしにその取り組みを進めることは難しい。

世界が多極化していく中、将来の国際秩序は、日本を含む西側諸国と中国、ロシアが、グローバルサウスの国々をどれだけ取り込めるか、味方にできるかという競争によって形成される可能性が大きい。国際政治の観点のみならず、食糧を含む農林水産、エネルギー資源、水資源、稀少金属など重要資源の多くがインドネシア、ブラジルを含む新興国及び中国、ロシアに偏在している現実一つをとってみてもグローバルサウスの国々との関係の重要性は強調してしすぎることはない。日本自身の繁栄と生存にも直結することである。

日本政府への政策提言

国立大学法人政策研究大学院大学の「インド太平洋協力研究会」は、「グローバルな危機の中でのインド太平洋の国際秩序の安定と国際協力の推進に向けて」と題する日本政府への政策提言を纏め11月21日に総理官邸及び外務省に提出した。

提言は、①インド太平洋地域における平和と安定の維持に向けたG７等の同盟国及び同志国との連携強化、②日本ならではのグローバルサウス外交の重要性と、グローバスサウスのリーダー格を自任するインド、世界最大のムスリム人口を擁しアセアン域内でも影響力を強めるインドネシア及び日本の三者による対話の枠組みの創設に向けた構想、③インド太平洋における文化的・人的・知的交流の強化に関する提案、などを柱としている。

筆者もこの提言の作成に関わったが、提言には上述の諸点以外にも幾つかの論点や処方箋が提示されている。提言の詳細は外務省及び政策研究大学院大学のホームページからご覧になれるので、ご関心のある方はご一読いただければ幸いである。（２０２３年11月23日 記）

自公連立政権の再構築は可能か

赤松正雄

自民党の派閥による政治資金パーティをめぐる裏金事件はきわめて深刻である。派閥を解散すればことたれりとばかりに、岸田首相は永年の懸案の「実行」に打って出た。だが、これとて一時凌ぎに過ぎず、時が経てば元通りではないかと疑う向きは少なくない。「政治とカネ」の基本的な有り様にまで遡って、「政治改革の嵐」が吹き荒れた「リクルート事件」からほぼ30年。ことの始まりは違うものの、日本の政治、政治家の後進性がまたも問われている。あの時点から約10年後、自民党政治の根本的打開のために公明党は与党入りを決断し内側からの改革に身を転じた。そして20年。そこに露わになったこの惨状。この事態をどう受け止めるべきか。公明党の改革の矛先は自民党の金権政治を糺す方向ではなかったのか。ここでは「自公連立政権」をどうするのかを考えてみたい。

「解体的な出直し」の本当の意味

自民党政治刷新本部が1月25日にとりまとめた中間報告は、おかしいことだらけの中身だが、「我が党は解体的な出直しを図り、全く新しく生まれ変わるとの覚悟で、信頼回復に向けた取り組みを進めなければならない」との「決意」にまず疑問符がつく。語感からすれば要するに解体はしないし、全く新しくはならないと同義なことは明白であろう。

字句通りの覚悟があるのなら、直ちに自民党を解体＝分党するのが筋ではないか。派閥ごとに宏池会党、清和会党、経世会党などという風に自民党を分けて出直す方がまだしも分かりやすい——かつては分党を口にする自民党のリーダーはいたようだが、今ではその気配すらない。派閥解散も結局は当面の嵐が過ぎ去るのを待って、ほとぼりが覚めれば、多少の趣きを替えて、また元のように大筋復活すると言う方向が見え見えなのである。

この状況の中で、公明党はいち早く「政治改革ビジョン」をまとめ、①政治資金収支報告書に記載するパーティ券購入額の引き下げ②会計責任者だけでなく、議員らの代表者も罰金刑、公民権停止の対象とする連座制の導入などを柱にした政治資金規正法改正案を明らかにした。自民党内の自浄能力を発揮した調査を経た上での「改革案」を待つというのだが、果たしてどこまでその成果が期待できるのか。およそ覚束ないと見ざるを得ない。

選挙互助会的連立政権の限界

今回の自民党の体たらくが明らかになる前から、連立政権の現状を憂える動きは公明党やその周辺の中にもあった。旧安倍政権の影としての、いわゆる「モリ、カケ、さくら」問題に端を発し、党ぐるみと見ざるを得ない選挙にまつわる犯罪から、相次ぐ閣僚の不祥事に至るまで、自民党との連立政権に大義はあるのかとの自省的問いかけは深く広く内在していた。ここ数年の衆参両院の選挙結果において、公明党の得票減が顕著な傾向を示す理由は幾つかあろうが、連立政権の相手である自民党の腐敗、つまりこんな乱れ崩れた相方と組んだままでいいのか、との根本的な疑念が深く根強くあったことは否定できない。

その都度、自民党中心の連立政権以外に選択肢はあるのか、立憲民主党以下の野党にこの国の政治を任せられるのかとの疑問が提起された。2009年いらいの旧民主党政権がいかに酷いものであったかが持ち出され、〝よりマシ選択〟としての「自公政権」しかないとの方向が明示され続けた。政権選択が問われる国政選挙では、「政治の安定」という〝錦の御旗〟の前に、改革を求める動きはかき消されざるを得なかったと言うほかない。

昨今の日本の停滞の要因に、国政選挙の機会が多すぎるとの指摘がある。国の方向の大枠を決める議論や調整のいとまもないまま政治家、政党があくせくと選挙に向かうことの弊害である。私はそんな現今の制度下だからこそ、選挙互助会的連立政権ではなく、国家をどの方向に向かわせるのかとのビジョン確立に精を出すべきだと訴えてきたのである。

政党、政治家にとって選挙は勿論大事である。落選してしまえば元も子もない。だが、それだけでは、国の基本的方向を過つ。今のような状況で、自民党政治を存続させるために、公明党の力がともかく必要だと選挙協力に無闇に走ることに正義はあるのだろうか。

選挙協力の歴史を顧みる

ここで、政党間選挙協力というものの概要に触れてみる。出自やルーツも歴史も違う政党が選挙で協力し合うという流れは、私の知る限り、自民党が一党支配を続けていた時代は殆どなかった。公明党が衆議院に進出してしばらく経って、社公民三党の間でのいわゆる〝反自民非共産〟の野党共闘が登場してからのことである。背景には、80年代に盛り上がった公明党を軸にした、社会党と民社党にブリッジをかける三党間の政権構想なるものが、束の間にせよ脚光を浴びたことが見逃せない。

当時の公明党の狙いは、大衆から遊離した〝金権腐敗政治〟を変えるために、イデオロギーに傾斜しがちな旧社会主義政党に刺激をもたらし、古い政治を打破する動きを強めることが狙いだった。21世紀劈頭に公明党が自民党の誘いを受けて、連立政権の一翼を担うようになったのは、自民党を外からでなく、内から変えるためであった。公明党は純粋にそう考えていた。

「55年体制打破」という旗印を伊達や酔狂で掲げていたのではない。心底から「日本の政治」を変えるためだったのである。

もちろん、これは同床異夢で、自民党としてはピンチをチャンスに変えるため、公明党の取り込みを狙ったに違いない。この場面は、私のような立党以来の政党人からすると、「自民党の公明党化」を狙うものだと確信していた。しかし現実はそう甘いものではなかった。相手方は、「公明党の自民党化」を目論んでいた。双方のせめぎ合いだったのだ。

政権与党の最大のテーマは「この国をどうするのか」の議論

公明党は、政権与党としてこの国をどういう方向に持っていくのか。何をしたいのか。古くからの友人たちから、近年の公明党は自民党と一緒になってこの国をどうしようとするのかが見えないとの批判の声を聞いてきた。確かに極端な右傾化を阻む役割は果しているようだが、だからといって、積極的な平和国家への動きも見え辛い。貧富の格差は広がる一方で、大衆福祉の歩みも遅々として進んでいるようには実感できないとの声もある。要するに、連立政権入りして20年余、ひとことで言えば富めるものは一層富むという「自民党化的傾向」が強まり、公明党らしい動きが見えないとの不満が高まってきた。

そこへ、今回の自民党の不祥事の表面化である。公明党が今まで政権与党にいながら、こういう事態に気づかなかったのか。こんな体たらくの自民党と政権を一緒に組んでいていいのか、これでは悪影響は免れぬとの懸念は公明党周辺に深く広く渦巻いてきている。

こうした「政治改革」「政治刷新」の声の前に、この国の基本的方向性を論じる機会がまたしても遠のくのではないかとの懸念を抱く。今問われている「政治改革」は、当たり前のことで、その奥に潜む政治課題をどうするかの議論が置き去りにされてはならない。

例えば、「集団的自衛権」を玉虫色で認めた「安保法制」から、このたびの43兆円の防衛費増への道筋は、どこまで続く道のりなのか？　「平和の党・公明党」は、「普通の国」として生きる決断をしたのか？それとも、「特殊な国」として、どこまでなら自民党と折り合えるのか――こんなことでさえ、外からは見えない。中国は建国100年に向けて、着々と足元を固め、なりふり構わぬ勢力圏拡大に勤しむ。この国との関係をどうするのか？　米国はかつての〝世界の警察官〟役を続けることに躊躇し、分断国家の色彩を強める一方である。この国との同盟関係の堅持を言い募るだけで、世界唯一の被爆国である立場さえ、曖昧模糊とさせ続けることでいいのか？――これも自民党との違いが見えない。激しさを増す人口減少。医療、介護、年金の行く末をどう捉えてどう手を打つのか？　財政難の中で、消費税の取り扱いをどうするのか？　災害大国として、永続的な安心安全をどう確立するのか？　再生可能エネルギーと原発の位置づけをどうするのか？――山積する国内課題解決への妙案が一向に見えてこないのである。これらこそ喫緊のテーマだ。

もうひとつ重要な視点は、選挙協力の協議が最優先課題となって自公連立の大義を見失わせてきたのは選挙制度に起因する点が大きい。定員1人の小選挙区制を現行のままにして政治改革は困難である。公明党は政治を刷新するため選挙制度改革に主導的役割を果たす時は今と考える。

活発な党内外の論争を起こそう

自公間でこうしたテーマが徹底的に協議されてきたとは聴こえてこない。選挙協力ありきだけで、こうした国家的課題が棚上げされたままでは、国民有権者を不安にさせるだけである。公明党が「小さな声」を聴き続けて、「政治の安定」を第一に走ってきたが故に、得たものは少なくない。しかし、失ったものも大きい。「大きな課題」解決へのエネルギーや「改革」への篝火が後衛に退いてしまった感が強いのだ。さて、どうするか。

私は、国民的大論争を起こそうと、一昨年初めに提起した。未だその兆しは明確に見えてこないが、諦めるわけにはいかない。自民党も公明党と一緒に政権を組むのなら、どういう国にしたいのかの議論を活発にすべきである。選挙の応援だけで事足れりとしているのでは、ろくな結果を生み出さない。

公明党には日刊の機関紙がある。また月刊の理論誌も持つ。共産党を除くどの党も持ち得ていない、オピニオン形成のための重要な手立てとしてこれらを活用して、まずは活発な党内議論を展開するとの試みはどうか。紙上大論争などやってみる価値は大いにある。この国をどこへ導こうとするのかを巡って、自民党議員との議論は是非とも聞いてみたい。

例えば、私が衆議院議員を20年経験してきて、深く反省することは少なくないが、最大のものは先の戦争の総括を未だに日本はしていないということである。作家の塩野七生さんが「第二次世界大戦の総括を逃げに逃げ続けた50年だった」と、30年前に叫び、「総括に必要なのは、厳密な客観性である。あらゆる資料を集め、それらを客観的な視点で整理し、まとめること」(『人びとのかたち』)の大事さを強調していたが、その後、事態は動いていない。こうした問題をどう考えるのかなどのテーマで公明新聞紙上や『公明』誌上で、党内外の政治家同士で議論するのはどうか。これもまた読んでみたい。

「連立政権ありき」から出発するのではなく、迂遠なようだが、政治の基本に立ち戻るところから見直すしかないように思われる。(２０２４年2月9日 記)

(あかまつ・まさお　安保政策研究会理事、公益財団法人・奥山保全トラスト理事、一般財団法人・日本熊森協会顧問、厚生労働副大臣、公明党外交安保調査会長)

三度目の「77年の興亡」
――今こそ：地球の危機へ国家ビジョン論争

赤松正雄

日本近代の歴史は、明治維新以来「77年サイクル」での興亡を2度繰り返しました。そのことに着眼した私は、「次に来る77年」に向けて、まずは「政権与党のジレンマ解消へ、国民的大論争を起こそう」という問題提起を2冊の拙著（『77年の興亡』と『新たなる77年の興亡』）において行いました。２０２２年から２０２３年にかけてのことです。再野生化する地球」（ジェレミー・リフキン）とまでいわれる未曾有の危機に対応するため、日本をどの方向へ持っていこうとするのかについて、連立政権与党の自公関係者を始め、国民各層みんなで、議論を開始しようと呼びかけたのです。いささか大袈裟感はありましたが、１９４５年という節目に生まれた自分が77歳になり、やむに止まれぬ〝決起〟でした。

倫理力優先の流れが第三期『77年の興亡』の時代か

この呼びかけに真っ先に応えてくれたのが私淑する国文学者の中西進先生でした。総合雑誌『潮』の昨年11月号の巻頭随筆「波音」で、「77年の興亡とは、斬新でわかりやすい」とされた上で、「第三期の『77年の興亡』」に向けて、ご自身の着想を明らかにして頂きました。さらに、同誌の本年2月号の対談『高島礼子の歴史と美を訪ねて』の第40回「令《うるわ》しく平和な時代となるように」の中で、再び取り上げられたのです。

この対談の中で中西先生は、「時代というのは螺旋階段のように同じことをくり返しつつ進んでいくもの」とした上で、「公明党で長らく代議士を務めて引退された赤松正雄さんが、最近、『77年の興亡』という著書を出されました。これは明治維新から敗戦までが77年で、敗戦から2022年（令和4年）までが同じく77年であることに注目して論を進めた内容です」と紹介され、「日本が77年周期の歴史サイクルで動いているとすれば、敗戦から一昨年までで一つの周期が終わって、いまは次なる77年の始まりに当たるわけです。そう考えてみると、令和の始まりはまさに日本にとって節目で、戦後の昭和や平成の時代とは大きく変わるのかもしれません」と、希望的展望を述べられています。

国家が隣国やそこで生活する民衆を、軍事力でねじ伏せる時代が再来した――そんな時だからこそ、「倫理《モラル》」を蘇生させ、全地球の再生、全人類の幸福を目指し立ちあがるんだとの同先生の生命の底からの声が聴こえてきたように、私には思われました。

「再びイデオロギーの衝突」の時代に逆戻りか

これからの日本の方向性を議論する際に、東京大教授の境家史郎さんの近著『戦後日本政治史――占領期から「ネオ55年体制」まで』は、ひとつのきっかけになります。同氏はこの中で、日本の政治は再びイデオロギーがぶつかり合う「元いた場所」に戻ったかに見えると述べています。イデオロギー対立からの脱却を目指して結党されたはずの公明党の人間としては、あたかも通りすがりの車に泥水をはねかけられたかのようで、おだやかではありません。果たして本当にそうなのか。「55年体制」は本当に復活したのか。現役の政治家の皆さんには、このあたりから議論を始めて欲しいと切に思います。

「55年体制」を打破することに執心してきた者からすると、30年経って元に戻った、元の木阿弥だと言われることは、悔しい限りです。公明党からすると、当然ながら、表向きはともあれ、内実は小さな改革が積み重ねられており、国民と遊離した昔のような政治展開ではないとの反論があるでしょう。しかし、確かに大枠として、憲法なかんずく9条の扱いが障害になって現実の政治が動かない事態が続いています。各政党の数量的分布も、いわゆる価値観的位置付けも酷似しています。そこへこのたびの自民党の派閥による政治資金、裏金に端を発した「政治とカネ」問題の再燃です。これでは、かつてと同じではないかとの境家氏の見立ては、益々当たってるとされても仕方ないと思われるのです。

憲法をめぐる二つの大きな責め

政治の底流での憲法をめぐる膠着状態を招いている第一義的責任は、自民党と旧社会党の流れを汲む立憲民主党と共産党といった本来的にイデオロギー色の強い勢力との対峙にあります。あいも変わらず憲法審査会は、入り口で蠢いているだけにしかみえません。と共に、もう一つの責めは、30年前には存在しなかった「日本維新の会」と、この間に野党から与党へと大きく転じた公明党という2つの政党が負わねばなりません。とりわけ、維新・公明両党の核心的姿勢が明確に見えないことが大きいと思われます。

もっとも、維新は代表が自らを「第二自民党」と位置付けたように、「改憲」志向の本音は明瞭です。もう一つはっきりしないのは、「加憲」の立場をとる公明党と言えるかもしれません。この党のスタンスは、9条は2項を改めることは勿論、自衛隊の存在を付記するといった加憲にも反対であり、それ以外（環境権やプライバシー権など）の新たに必要とされるテーマについては柔軟に対応する——こんな風に見られています。9条改憲派ではないもののの、広い意味での改憲勢力であるとの捉え方は、一般的には曖昧で複雑な態度に見られてしまいます。

２０１５年に大騒ぎの末に成立した「安保法制」は、憲法の明文は変えずとも、解釈に幅を持たせることで、十分に日本防衛に対応できるとの決断でした。ただ、自民党はこれで集団的自衛権の行使が可能になったと捉えたのに対して、公明党は個別的自衛権の延長であるとの立場に固執しました。つまりは、いわゆる「玉虫色の決着」でした。

この10年近くの間というもの、中国による台湾や尖閣侵攻が懸念され続けてはいても現実のものには未だなっていません。また、北朝鮮の日本近海にむけての度重なるミサイル発射については、その都度あたかも儀礼的作法のような抗議の繰り返しに留まっています。加えて、ロシアの北方四島の軍事基地化から北海道攻撃も絵空事とは思えない空気は否めません。このように北東アジアの情勢も一触即発の状態にあります。日本周辺において、一朝ことあらば伸縮自在の対応に期待するしかない、という危うい推移待ちの事態がずっと続いています。

憲法の精神の真価発揮の時は今

このように隣接する三カ国の意思如何によって事態が劇的に変化することは必至で、突然にその時が来て慌てふためいても遅いのです。安保法制論議当時、いかなる事態にも対応できるように、平時からの不断の「安保論議の必要性」が叫ばれました。しかし喉元過ぎたと見ているのかどうか、その後真剣な議論は国会の中から殆ど聞こえてきません。

憲法については、私はこれまで①「予備的国民投票」を実施して国民の意思を探るべき②超党派の議員を憲法論議に特化した持続的展開の場として作るべき③憲法における明文改正を必要とする条文と、法律の運用で事足りるものとの徹底した仕分けの必要性があるなど、具体的な提案をしてきました。いずれも「(実現しそうに)ないものねだり」的傾向は否めないものの、やむに止まれぬ心情の発露でした。

ついでに今の時点で、「ないものねだり」を加えると、公明党と維新の腹を括った「役割分担の話し合い」でしょうか。両党に太いパイプを持つ菅義偉前首相の仲立ちを乞うなら、無理はないと見られますが……。当面する課題を追うのに必死なのはいいにせよ、この国をどういう方向にもっていくのかの国家経営の根本が、党利党略の手段で翻弄され漂流を続けるのは御免被りたいものです。日本の未来に向けての意義ある国民的合意を図るために、党派性を超えての、あらゆる努力を重ねていくことが必須でしょう。

「憲法の精神」を生かして、今こそ日本が「平和外交」の極致を発揮し、危機的状況を打開すべく八面六臂の動きを見せねばならない重大な場面です。与党公明党に対しても、かつて「野党外交」で対中関係打開に向けて真価を発揮したように、平和を望む国民大衆の意思を体現した積極的な行動が待望されます。

私が2022年来、主張し続けている「77年の興亡」第三期の新展開にあたり、官民一丸となっての「地球の危機」への対応が今求められています。そんな時に、肝心要の政治の担い手である政治家への不信、政権政党への不審が高まるという現状は嘆かわしい限りです。この場面にあって、政治資金の規制などを巡っての法的対応だけでお茶を濁すことは許されないと思います。代議制民主主義の有り様が根本から問われているのです。志の行方が地に堕ちて見えない政治家に、政治を任せておられないとの地の底からの声に今こそ応える時なのです。（2024年1月 付記）

作：宇治敏彦

経もなく
緯も定めず
娘子らが
織るもみち葉に
霜な降りそね

ももづたふ
磐余の池に
鳴く鴨を
今日のみ見てや
雲隠りなむ

作：宇治敏彦

ポイントは3点＝農業をもっと豊かにする！

中村竜彦

日本の農業にとって急速な高齢化の進行は大きな問題です。

農林水産省によると、２０１０年に約２０５万人であった基幹的農業従事者数（個人経営体における15歳以上の世帯員のうち、普段仕事として主に自営農業に従事している人の数）は、２０２０年には１３６万人まで減少し、わずか10年で３割強が減少しました。

また、基幹的農業従事者の高齢化率を見てみると、65歳以上の高齢者は69・６％（２０２０年）と、今や農家の７割が高齢者ですから、10年・20年先には基幹的農業従事者数が激減することは避けられません。

加えて、昨今の燃料・資材、肥料等の物価高は、「そろそろ潮時」と長らく営んできた高齢農家が廃業を決断する後押しとなっています。

さらに、辞めることのできる高齢者はまだ良いのですが、特に私の地元である豊橋市など施設園芸が盛んな地域の〝高齢者でない〟現役世代の農家は、設備投資をしてハウスを建て、スマート農業にも挑戦し、未来に夢を持てばこそ大きなローンも抱えて頑張っています。ところが、生産コストが上昇する一方で、市場における価格競争の激化などにより、それに見合ったコストが農産物の価格に反映されません。その上、そもそもの物価高で消費者の農産物需要が低下する可能性もあり、「本当にこのままで大丈夫だろうか」と不安を感じながら農業に従事しています。

日本の農業はお先真っ暗のピンチだという印象しかありませんが、それは今まで通りのやり方がピンチなだけであって、実は対応次第によっては新たなチャンスになり得るのではないかと確信しています。そこで、その対応すべきポイントとして、以下の3点について私の所見を申し述べます。

産地の生産力強化について

愛知県はキャベツの生産が全国シェア約20%と出荷額ともに全国1位で、栽培の歴史も明治期からと日本一古く、土壌や時期に合わせて約30の品種と栽培方法を組み合わせて、10月から翌年の６月まで長期の出荷を実現しています。

こうした努力とシェアの拡大は、大量消費の媒体であるスーパーマーケットなどとの価格交渉で有利に働きます。ですから一定の品質と多くの数量を継続して供給できる産地の生産力向上は、どの農産品目においても重要です。社会主義ではありませんから調整の難しさはあるでしょうが、農産品目ごとに産地の集約を図り、全国を俯瞰した計画的な作付けをすることで、生産者がより安定した収益を確保することができます。

また、昔はキャベツといえば、丸のままか半分に切られたスタイルが主流でしたが、今では千切りからザク切りまで、それぞれの形にカットしてモヤシのように袋に入れて売られるようになりました。キャベツを丸のまま売るより、カット野菜にして売った方が、加工代があるとはいえ、重さ換算で消費者への販売価格が５倍の値段で売ることができます。

ライフスタイルの変化に伴い、高度成長期から外食需要が拡大し、平成期には頭打ちとなりましたが、中食などの調理食品の一人当たり支出金額は増加傾向にあります。近年では外食市場とコンビニやスーパー中心の中食市場も合わせて、およそ10兆円規模で推移しています。

国の食品製造業者等への意向調査によれば、安定調達が可能なら国産の農産物の利用を増やしていきたいと希望する事業者が３～５割存在します。平成29年９月に食品表示基準が改正され、国内で作られた全ての加工食品について、原料原産地表示が義務化されたことから、野菜加工品についても、国産・輸入や原産国の表示が必要となります。国産の加工用野菜の需要は今後さらに拡大する可能性を考えると、十分チャンスが眠っているように感じます。

この観点に立って、県・市町村・農協は、中食市場に提供する加工用野菜の生産について、生産者に利益がキチンと還元される加工工場を地元に作る仕組みづくりのため、予算措置等を含めた支援をしていく必要があります。

今後の農業の担い手について

前述の通り、農家の7割が高齢者ですから、年々廃業者が増えており、今後10年から20年後にかけてピークと見込まれます。

国の新規自営農業就農者数の推移をみますと、2014年以降4万人から3万人台で推移しており、ハイペースに進む高齢農家の廃業を新規就農者で補完することはもはや不可能です。これまでのような家族主体の農業のやり方のまま、後継者をよそから連れて来て育てるという従来の発想を改め、高齢化で廃業した農地を、まさに今、現役世代として頑張っている〝やる気ある農家〟に集約・拡大させ、生産効率を上げていくべきだと考えます。

従来からの新規就農者の育成についても、Uターンや I ターンのように、まったく未経験の方に研修や短期の農業指導を受けてもらって自営農家になってもらうのは、なかなか困難です。既存のプロ農家の規模拡大と法人化を推進することで、当然、規模が大きくなれば雇用が必要になります。新規就農希望者は、まず農業法人の従業員から始めて、本当に独立してやってみたいと思ったときにチャレンジすればいい。そうすることによって、不安のない定着した自営農業増加に結びつくと思います。

農業人口は減ったとしても、一つの農業経営体の規模が大きくなり、農業に従事する一人当たりの生産量を増やすことができれば、国民の食い扶持を賄うことが可能です。そして、たとえ昨今のような資材高騰等で、農産物の生産コストがかかる時代であっても、スケールメリットにより利益を出しやすくなるのではないでしょうか。

農業といえば食料安保の観点から燃油高騰対策などカンフル剤的な補助金を入れて急場を凌いでもらうような対応が多く見られます。一時的にはそれもやむを得ない対策であるとは思いますが、本来は、急場凌ぎのお金で応援するより、未来に渡って農業が自分たちの稼ぎで逞しく自立できるような支援に徹するべきです。

行政は、農業法人の経営に対する支援策をそれなりに実施していますが、到底足りません。農家は栽培ノウハウについてはプロですが、法人化していくには新たに経営ノウハウが必要となり、そのための支援・育成が重要です。農業法人（普通の会社）としての個々の農家及び複数農家協同経営と農畜産物関連企業に対して農業経営支援策をいっそう充実させ、農業を愛知県内における中小企業のトップ業種に育てる努力が求められます。

農産物の輸出について

日本は底を打たない少子化が進行し続け、人口は減少しますが、一方で、世界人口はまだアジアや、特にアフリカを中心に増大し続ける見込みです。20年前、60億人と言われていた世界人口は、2011年には70億人を突破、2021年には78億人。国連は2100年には109億人になると予想し、地球規模の食糧不足に警鐘を鳴らしています。

昨年、世界第2位の小麦生産国であるインドが「自国の人口増加の影響で海外から小麦を購入しやすくするため輸入税の廃止を検討」というニュースが流れましたが、世界的食糧難時代が迫っていることを予感させます。

そのような中、政府は2030年までに農林水産物・食品の輸出額を5兆円とする目標を設定しました（2022年現在の農林水産物・食品輸出額は1・4兆円）。

先般、山形県の朝日町を訪れ、リンゴの輸出について現地視察をいたしました。台湾や東南アジア向けのリンゴを計画的に生産・輸出しており、日本国内の市場では3500円で取引される一箱36個入りのリンゴが、これらの地域では5000円で売れるとのことです。船便で20日ほどかけて、きちんと温度管理し、各国ごとに使用禁止農薬などを用いないよう各々の条件を満たす必要はあるものの、それでも比較的輸出しやすい品目だということでした。

また、同じくスペインへ行った折には、スペインの空港、スーパー、至る所でサーモンを使った握り寿司やサーモンロールを見かけ、随分な人気ぶりでした。

私も一つ食べたのですが、米の炊き方や寿司酢との合わせ方が未熟ということもありますが、コメの種類が寿司用ではないため、日本人の口に合うような代物ではありませんでした。

彼らは日本の寿司とはこういうものだと思って（見た目はまったくスーパーのパック寿司）、日本より2倍以上高い値段で、違和感なく食べていました。まさに江戸前寿司を彼らに提供するチャンスが転がっているように感じました。日本の米価等を維持するための減反政策は、約50年もの時間を経て２０１８年に廃止されました。日本の高品質で美味しい米が、作れば作っただけ世界で売れる可能性を感じます。そして、スペインでつくづく感じたのは、「日本の農産物の価格は安い」という事でした。

スペインに限らずこうした日本米を知らない国に、しかも寿司などの日本食の需要がある地域に届けることは、お互いにウィンーウィンではないでしょうか。

日本の人口が減るということは農家がこれまで通りの量（農産物）を作っても需要が減少することを意味します。にもかかわらず生産量を上げるため大規模農業を推進するのですから、農産物の輸出は政治の必須課題です。

リンゴや米は一例に過ぎません。船便での輸出に適した農産品目の需要が見込める国と地域を絞り、2030年に5兆円の政府目標に向け、〝やる気ある農家〟の皆さんがチャレンジしやすくなる誘導政策を強力に進めるべきです。それが結果として日本の食糧安保にも資することとなり、何より日本の農業を持続可能なものにしていく農政の根幹と考えます。

高齢化が避けられない日本の農業をもっと利益を生む「もうかる産業」にするため、農業経営者（農家のみなさん）と共に懸命の努力をしてまいりたいと、改めて決意させていただいた次第です。（2024年1月20日 記／2024愛知県議会本会議一般質問を要約）

（なかむら・たつひこ　安保政策研究会理事、愛知県議会議員・安全安心対策特別委員会副委員長、自民党愛知県連青年局幹事長、豊橋市議会議員3期、国会議員（浅野）秘書）

安保政策大転換も　防衛論議は低調

菱山郁朗

戦争の影と歴史的な安保政策転換

ロシアのウクライナ侵攻から一年経ったが、独裁者プーチンの暴走を誰も止めることが出来ない。国連安保理は機能不全、米中の両超大国も調停に動く気配はない。戦争は「始めることは容易だが、終わらせることは難しい」という歴史の教訓はまったく生かされていない。コロナ禍で世界中が疲弊しているのに、無益な戦争などやっていられる状況ではないとの良識的判断が通用しないのだ。

衆参二つの国政選挙で勝利を収めたものの岸田政権は、安倍ロス政局で安倍国葬問題、旧統一教会問題、閣僚の相次ぐ辞任・更迭、物価の高騰などで昨秋以降支持率が低迷している。ところが秋の臨時国会が終わるや昨年12月には、敵基地攻撃能力の保有、防衛費を5年間で

1・5倍以上となる43兆円とし、GDP比2％とするなどの安保政策の三文書を閣議決定した。また防衛費1兆円の財源に、法人税、所得税などの増税で充てる方針も表明した。

安保政策の歴史的な大転換であったが、財源・増税に党内から異論は出たものの、ほぼ1週間で決着した。熟議なしの唐突な政策転換は、「軽武装・経済優先」の宏池会の伝統的なハト派色をかなぐり捨てたとも言え、野党は「国会での論議もなしに危険な判断を下した」と反発した。86歳となった河野洋平元衆院議長は、報道特集のインタビューで「尊い命を犠牲にして、我々は今ここに繁栄を得ている。これをずっと言い続けてその結果が、この政策転換というのは、あり得ないことだ。転換の起点は安倍政治であり、そこに大きな問題があった」と語った。

岸田の決断の背景と今後への課題

憲法で非戦を誓い、専守防衛の盾の役に徹して来た日本が、敵基地攻撃能力の保有という安保政策の大転換に踏み切った背景は、ロシアによる軍事侵攻、中国の海洋進出と台湾有事、北朝鮮のミサイルの高度化など国境を接する3か国の軍事的脅威に直面する安保環境の現実である。だが、安全保障は軍事だけではない。対話や緊張緩和など平和への絶えざる努力と外交や経済、文化交流などソフトパワーを有効に活用することこそが極めて重要である。

別の視点で考えると岸田の政権運営への執念と自民党の党内事情が絡んで来る。即ち数の上では党内第五派閥の岸田宏池会は、最大派閥の安倍派の意に逆らうことが出来ない。今回の安保政策大転換は、元々安倍元首相の遺言であり、安倍が敷いたレールに乗っかったままのことだ。岸田周辺は「これで岸田は安倍ロス政局の高い壁を乗り越えた。本人はすこぶる元気で自信に溢れている。彼は強かな超現実主義者だ」と言う。

年が明けると岸田は、経済も国際秩序も大きな歴史的転換点にあるとして経済対策、少子化対策、エネルギー政策の強化を表明、原発依存に舵を切った。そして広島でのG7サミットの議長として新年早々仏英伊加米の五か国を歴訪した。バイデンとの日米首脳会談では、日本の防衛力強化方針を説明し、同盟強化で一致した。日米安保体制を最大の抑止力として来た日本は、今回の安保政策大転換で対中国外交も、警戒感を強めるアメリカと足並みを揃えることとなり、日米の軍事一体化が加速された。それは周辺国との軍拡競争を誘発し、アメリカの戦争に日本が、巻き込まれる危険が増しただけのことだ、との厳しい指摘もある。

「防衛国会」の論議は低調

防衛政策の大転換をめぐる国会の審議は、1月23日に開幕した通常国会を舞台に行われた。だが、一言で言えば審議は、政府の説明や答弁が不十分なままであり、追及する側の野党も突っ込み不足で、論議は低調だった。その理由と責任は政府与党及び野党の双方にある。守る側の政府は「手の内は明かせない」と詳細な説明を避け続けた。一方の野党は現下の国際環境の変化を踏まえて、現実路線化が際立ち、突っ込み不足だった。岸田は、のらりくらりと肝心なことは答えず、同じことをくり返す曖昧な答弁に終始した。

野党もエース級の論客は見当たらず、顔見世興行のように多数の質問者を並べ立てて「時間がないので次へ」などと釈明する。アメリカからトマホークを400発購入する計画を明らかにしたのは、予算案の衆院通過のめどが立った時点だった。かつての国会なら直ちに空転していただろう。確かに国境を接するロシア、中国、北朝鮮の現状を見る限り、防衛力の強化は、やむを得ないことだろう。

だが、「専守防衛」という戦後日本の安保基本戦略の転換は、本来であれば決定する以前に、与野党が時間をかけてじっくり議論するべきテーマであった。しかし、岸田は国会を軽視し続けた、安倍政権の悪しき慣行をそのまま踏襲した。

外相の国際会議欠席と進まぬ憲法論議

日本は今年のG7の議長国であるにも拘わらず、3月1日にインドで開かれたG20外相会合に、林外相は、国会審議優先を理由に欠席した。国益を考えれば、従来の慣例を破ってでも出席し、ウクライナ侵攻や東・南シナ海などをめぐる日本の立場を表明すべきであった。政府・与党内の調整不足が原因だが、岸田が外相に出席を促した形跡はなく、安倍派の世耕幹事長は、国会審議を優先するよう求めた。安倍家と林家が因縁のライバル関係にあることから、何らかの忖度が働き、林の足を引っ張ったのではないか、との観測も流れた。

安保政策転換と密接なはずの憲法改正をめぐっては、衆院憲法審査会が開かれ、大災害などの緊急事態時における国会議員の任期延長について議論した。公明、維新、国民民主、「有志の会」からは、憲法改正に向けて条文案の策定を求める声が上がった。しかし、立憲民主は衆院議員の任期を延長した場合、参院の独自権限である「緊急集会」を開催する可能性を低下させるので「参院に配慮した議論を行う必要がある」と表明した。立憲内には改憲に慎重な意見も根強く、改正の条文案化には、時間がかかるだろう。

憲法改正は国民生活の基本にかかわる最大の政治テーマであり、立憲が党是とする「論憲」は、重要だが、議論を尽くせば、結論を出さなければならない。岸田は任期中に改憲を実現したいとの意欲を何度も表明し、次期衆院選とのダブル選で実現させようと狙っているのではないか、との情報もある。だが、憲法改正を政略的に進めれば、国民のしっぺ返しを食うだろう。

防衛問題に精通した石破茂が10年ぶりに質問に立った。「中国の軍拡は懸念事項だが、我が国もまた軍事大国であってはならない。防衛力は節度を持って整備されるべきだ。軍の組織維持が自己目的化して痛い目に遭った我が国の歴史に学ばなければならない」と強調し、安保政策大転換に懸念を表明した。

タモリが発した「今年は新しい戦前になる」という言葉も話題となった。１９４０年頃のきな臭い時代を指しているのだろう。ウクライナ戦争が泥沼化し、防衛力増強は着々と進められている。乳飲み子で終戦日を迎え、平和憲法を叩き込まれた者には、しばらく戸惑う日々が続きそうだ。（２０２３年3月5日 記）

作：宇治敏彦

総選挙に見る大阪人気質

島田博夫

総選挙（2022年11月1日）開票日の深夜、神戸市内の選挙事務所で、この12日間を振り返る。「日本維新の会」の暴風が吹きまくった。大阪に端を発し、関西一円を席巻し、日本中へ広がっていった。

2日前に兵庫・垂水駅前で吉村大阪府知事の応援演説が開かれました。1000人を越える聴衆を前に「改革」を訴える。聞き入る人達の眼の色が違う。維新の波を実感しました。

■比例得票率（2021年）（万票・%）

	自由民主党	日本維新の会	公明党
2021年	1991（35）	805（14）	711（12）
2017年	1885（33）	339（6）	687（13）

＊（　）は得票率

■維新の会：地域別得票率（%）

北海道	8	東海	10
東北	6	近畿	34
関東	11	中国	9
東京	13	四国	10
北陸	10	九州	8

「日本維新の会」は『改革（身を切る改革）』を訴え、政権批判票の受け皿となり、現役世代の支持を集めました。《吉村人気》は発信力の強さにあります。近畿では断トツです。

■維新の会：近畿地区

近畿地区では、大阪当選15人、自民党は比例復活の2人だけでした。兵庫は9人全員当選。大量41議席を確保しました。この強風が吹き続けるか。今の政治への大いなる警鐘が大阪から発せられました。国民の声をしっかり受け止める政治が期待されます。

「私が共鳴している自民党の候補は1時半に当選が確定し、深夜の万歳となりました」。やれやれです。

総選挙にみる大阪人気質

改めて指摘しますが、今回の総選挙は、関西を中心に「日本維新の会」の一人勝ちに終わりました。11議席を4倍増の41議席に伸ばしました。自民党15議席減、立憲民主党は13議席減らしたのに対して、大躍進した維新は公明党を抜いて第3党に躍り出ました。

もともと維新の基盤は「大阪維新の会」ですが、今回は大阪の小選挙区で立てた15人が全員当選し、そのあおりで自民党は大阪で全敗を記録しました。維新は、大阪完勝のおかげで、兵庫・小選挙区で落選した8人の候補者全員が復活当選し、滋賀、京都の復活当選を合わせて、近畿地区だけで26議席確保しました。

確かに日本維新の会は、野党でありながら、共産党との選挙協力を柱とする野党共闘から距離を置いて、保守の色合いをにじませ、自民党離れをした無党派層の受け皿になりました。しかし、それだけでは大阪で圧勝した政治的背景の説明にはなりません。今回の〝維新現象〟に全国の人はびっくり仰天していますが、大阪の人は至極当然の結果とうけとめ、不思議なこととは思っていません。

その謎を解くには、選挙の折に端的に表れる大阪人気質を分析する必要があります。

☆「東京なにするものぞ」という江戸以来の対抗心

☆「そりゃ、おもろいじゃないか」という反骨精神に裏図けられた、大阪人独特の〝漫才心〟

この2点に絞られます。これを理解しない限り、大阪人の政治的傾向の分析はできません。

半世紀前（1971年）、大阪府政に君臨していた佐藤義詮知事が4選を迎えた時の選挙です。全政党が推す大本命です。

そこへ共産党単独推薦の大阪市立大学、黒田了一教授が立候補しました。知名度ゼロの大学の先生は「大阪にきれいな空を取り戻しましょう」と当時としては斬新な環境問題を訴え、「私のことをアカだ、アカだと言いますが、私はまっことクロだ（黒田）です」という街頭演説に「いい度胸しよる。やらせてみようやないか」と浪速魂が共鳴して、現職の大本命を退けて勝利しました。全国には大番狂わせと映り、時の佐藤栄作総理は「いったい大阪で何がおきたのか、理解に苦しむ」と言いましたが、大阪の有権者は、〝したり顔〟でした。まだあります。1995年（平成7年）の大阪府知事選挙です。

与野党ともに人選難で、困り果てた自民党は、大阪出身の高級官僚を物色して、大阪外国語大学卒の科学技術庁、平野拓也事務次官を無理矢理説得して、自民・公明・民主・共同推薦で立てました。平野次官は実直、地味な人柄で選挙は不向きと固辞しましたが、「相手は参議院議員とはいえ、無所属、漫才師の横山ノック。まさか行政の長にお笑い芸人を選ぶことはあり得ない。中央官庁トップの手で大阪の財政を立て直してやってもらいたい」と口説かれました。大阪のために、東京から官僚のトップを派遣してやるという圧勝の選挙スタイルのつもりです。

ところが、選挙戦は主要政党が束になって平野を支援し、東京から次々と大物が応援に大阪入りしましたが、孤立無援の横山ノック（山田勇）との差は開くばかりで、漫才師の勝ちでした。東京では驚きを通り越して茫然自失でしたが、「ひとりで東京に立ち向かって、おもろいやないか」という反骨・反抗心が勝《まさ》った事例です。もっとも、横山ノックは独走で再選されましたが、選挙運動期間中に強制わいせつ行為が発覚して失脚すると、「所詮、お笑い芸人」と見捨てられました。ダメとなったらダメなのも大阪人気質です。

維新は、党首の松井大阪市長が「日本維新の会」の会長を早々と退く決断を表明し、人気の46歳、吉村洋文大阪府知事にバトンタッチするハラと見受けられます。（その後、調整が不調に終わり、松井会長の続投となりました）

大阪人気質を熟知している維新幹部のビヘイビアですが、維新は、政府・与党に是々非々で、政治課題によっては積極的に協力する一方、どの野党よりも厳しい姿勢で対処する厳格な使い分けを展開するものと予測されます。（2022年1月14日 記）

（しまだ・ひろお　安保政策研究会オブザーバー、（株）シマブンコーポレーション取締役会長、日本国際貿易促進協会理事）

作：宇治敏彦

北朝鮮ウォッチング　金正恩政権の行方

寺田輝介

北朝鮮は目下「三重苦」に直面している。「三重苦」とは、国連安保理決議により課された経済制裁、新型コロナウィルスを防ぐ目的で中朝国境を封鎖したことにより生起した経済活動の沈滞、そして数次に及んだ台風襲来による甚大な被害である。この経済的「三重苦」にも拘わらず、金正恩政権は対外関係で強気の姿勢を誇示し、米国に対し対決姿勢を宣明している。以下、金正恩政権の行方について検討してみたい。

1　北朝鮮経済の実態

（1）北朝鮮が情報管理を徹底的に実施していることからも経済の実態を示す情報は極め

て少ない。制約がある中で2019年7月26日韓国銀行(中央銀行)が次の通り発表している。
・2018年の実質国内総生産（GDP）成長率は4・4%減で2年連続の減少であった。
ちなみに「苦難の行軍」とされた1997年は6・5%減であった。
・2016年から対北朝鮮制裁が強化され、その結果北朝鮮の主力輸出品目である石炭、鉄鉱石、海産物の輸出が禁止された為、北朝鮮経済は深刻な局面を迎えた。

(2) 国連安保理専門家パネルの報告によれば、北朝鮮は非合法的活動を行っており、その一環としてIT専門家を国外に派遣し、一人あたり日に3千から5千ドルの外貨を獲得している。これらIT専門家は欧州やアジア、アフリカ、中東を拠点に身元を隠したままウェブサイトを通じ、ソフトウェアのプログラミングを請け負い、稼いだ外貨の大部分を北朝鮮に送金している。

(3) 北朝鮮は経済的困難から、国連制裁が続く中で食糧や燃料の備蓄を強化しているようである。北朝鮮は海上で船の積み荷を移す「瀬取り」の手法で密輸を続けている。国連制裁により北朝鮮が輸入できる石油は「年間50万バレル」とされている為、「瀬取り銀座」と言われる、中国・上海と沖縄本島、尖閣諸島に近い海域で石油精製品を密輸している実態がある。この「瀬取り」の問題で注意を要するのは、「瀬取り」を黙認している中国政府の態度である。中国が直接北朝鮮に石油精製品を供給することは自ら安保理決議に違反することになるが、あらゆる面で重要な友邦である北朝鮮が石油不足から倒壊することは看過できないため、「瀬取り」を黙認していることである。

（4）米国務省の公開情報によれば、北朝鮮は2018年下半期に9万人超を労働者として国外に派遣、給料を上納させ、年5億ドルの外貨収入を得ていたとされる。国連安保理決議により中国、ロシアは2019年12月22日までに北朝鮮人労務者の本国帰還が義務付けられたが、両国政府の対応の違いが興味深い。

まずロシアについては、ロシア極東部に最大時約1万6千人の北朝鮮労働者が建設業や水産加工業に従事していた。安保理決議を受けロシアはほとんどの労働者を撤収させたが、これら労働者を受け入れる為にロシア極東部に北朝鮮系企業の存続を認め、将来国連の対北朝鮮制裁が緩和された暁には直ちに北朝鮮労働者を再雇用する「抜け穴」としている。

一方中国の対応を見ると国連安保理決議に従ったものの、北朝鮮人の送還期限後は北朝鮮人に観光や研修を目的とした1ヶ月の短期滞在資格を与えて出入国を繰り返させる「抜け道」を使い、北朝鮮労働者の雇用を続けている実態が見られる。

（5）北朝鮮の食糧不足問題は、石油問題以上に国民を直撃する喫緊の問題である。北朝鮮は2019年度旱魃の被害により2018年に比べ食用作物の生産量が12%減少し、その結果1千万人以上の国民が食糧不足に陥ったと報じられている（2019年8月20日付　朝日新聞）。北朝鮮における食糧不足は恒常的である。北朝鮮の食糧不足に支援の手を差し伸べるのは通常中国と韓国であり、中国は習近平国家主席の2019年6月の北朝鮮訪問後、北朝鮮に対する食糧支援を決定した。一方韓国が約5万トンの米を北朝鮮に送ろうとするが、北朝鮮は韓国の支援を拒否したと報じられている。改めて南北関係の難しさが示されたケースである。

2　朝鮮労働党第八回大会報告書

北朝鮮の現状を示した資料として提出された報告書のうち、経済関係、軍事関係及び対外関係に触れた骨子は次の通りである。

（1）経済関係

報告書は経済建設の分野で予見された戦略的目標に達していないと前置きの上、次の分野を具体的に列挙している。先ず農業分野では、食糧不足、水不足の中で「前例のない穀物生産の増加をもたらした」と自画自賛。次に「自立経済の二本柱として」金属・化学産業部門は電力・石炭・機械・鉄道輸送セクターの発展を促進するためブレークスルーを達成し、一連の成果を上げたと評価。さらに軽金属、森林業、科学技術分野、保険センター及び科学スポーツ分野における状況、成果等につき略述。更に以上の記述を補充するが如く、過去5年間の闘争の成果は、長期にわたる厳しい制裁による経済封鎖と厳しい災害の中で朝鮮労働党と北朝鮮人民が戦った成果であり、社会主義強国に向けての前進は「より速く、より広く、より深く」なるだろうと楽観論を展開している。これは正に北朝鮮の典型的な国内向けプロパガンダである。この報告書ではコロナウィルスによる感染問題については一切触れられていない。金正恩政権は武漢ウィルス感染者はいないと言い続けており、同政権の詐欺性を示すものである。

（2）軍事関係

報告書の中で、金正恩は北朝鮮が米国の「核」の脅威を受けているとし、国民及び国家の「生存」と「独立発展」のために核戦力の構築を躊躇なく推進すると宣明しつつ、戦略核兵器として中距離弾道ミサイル、大陸間弾道ミサイル、ＳＬＢＭを開発生産し、強力で信頼性の高い戦略的抑止力を強化したと豪語している。北朝鮮は２０１８年４月に核開発と経済再建を追う「並進路線」の終了を宣言し、「経済」に注力する政策に転換したとされてきたが、今次報告書を見ると「経済」に加え再び「核開発」に力を入れ始めたとも考えられ、北朝鮮の今後の動きを注視する必要がある。

(3) 対外関係

対外関係に関する記述の重点は、当然のことながら、米朝関係である。中国との友好関係が強調され，加えてロシア、キューバ及びベトナムとの関係が略述されているが、かかる記述により北朝鮮が国際社会に占めるプレゼンスがいかに限界的であるかを示す結果となっている。米朝関係につき、「米国の激しい攻撃と絶望的な圧力と制裁」の中で「建国以来の非常に厳しい状況に陥っている」と現状を認めた上で、米国に対し「自国の独立と利益」のみならず「平和と正義を守る共和国の戦略的地位を守った」と主張しており、改めて北朝鮮の対外関係における米国の戦略的重要性を裏付けている。

3 金正恩政権の行方

金正恩は本年1月に開催された朝鮮労働党大会において「最大の主敵である米国を制圧、屈服させることに対外政策の焦点を合わせる」と発言しつつも、「新たな朝米関係の鍵は米国の対北敵視政策の撤回にある」と発言したと報じられている。経済的困難が深まる北朝鮮において、金正恩政権が早急に取り組むべき政治・外交的課題は米朝関係の改善であり、トランプ政権下では実現できなかった経済制裁の解除を求めるべくバイデン新政権と早急に交渉する必要があることは明々白々である。

金正恩政権の行方を見る上で重要なポイントは金正恩の健康問題であろう。米テレビCNNが「金正恩氏手術後重体」とのニュースを流した結果（２０２０年4月20日）、金正恩の健康異変説が世界中を駆け巡った経緯がある。韓国の情報機関である「国情院」の公開情報によれば、身長１６９㎝の金正恩の体重は２０１２年当時90kgであったものの、２０１６年には１３０kgに増えた。その要因は成人病に加え不眠症であるとしている。

金正恩の健康問題に関連して浮上してきたのが、金正恩の後継者問題である。金正恩には三人の子供がいるとされるが、一番上の子は男児であるものの、10才以下であるため後継者とするにはほど遠い年齢である。従って金正恩の妹の与正（32歳）が「白頭血統」を継ぐ後継者として目されたことは当然の流れであるが、他方「家父長制」が根強い北朝鮮では、金正恩の直系である妹といえども女性が最高指導者の座に就くことに抵抗感が強いと予想される。

金正恩は今「金王朝」の存続をかけてバイデン新政権が今後打ち出すであろう朝鮮半島政策を見守っていると思われる。金日成時代以来、北朝鮮の存亡を脅かす国は米国であると位置付け、北朝鮮の国体を護持できる戦略的対抗手段は核装備と弾道ミサイルであるとの基本的戦略の下に、当面の間米国による経済制裁の解除を目指すことになると思われる。北朝鮮が米朝交渉において具体的にいかなる譲歩をするか現段階では不明である。一方、バイデン米国大統領は2月4日、外交・安全保障政策に関する演説を行い、「米国は戻ってきた」「我々は同盟関係を修復し、再び世界に関与する」と述べたが、米国の朝鮮半島政策が明らかになるには更に時間を要するところである。

国際社会としては北東アジアの平和と安定にとり重要なファクターである朝鮮半島の動向を引き続き最大限の関心を持って見守る必要がある。（2021年2月8日 記）

（てらだ・てるすけ　外務省中南米局長、メキシコ特命全権大使、朝鮮半島エネルギー開発機構（KEDO）担当大使、日朝国交正常化担当大使、韓国特命全権大使）

ピョンヤン（平壌）訪問記

――聞かせたいことだけ話す　見せたいものだけ見せる

島田博夫

朝鮮半島のことわざ

「川に落ちた犬は、棒で叩け」

このことわざには三つの解釈がある。

①水に落ちて可哀相と思っても狂犬の可能性が高い。危険だから哀れみを掛けるな！

②下手に困っている人を助けると、その後保証人や頼まれ事をして面倒になる。

③弱みを見せた相手は徹底的に攻撃しろ！

他のことわざも紹介する。

小泉総理と金正日総書記（2002年9月、記念切手）

◎泣く子は餅をひとつ余計にもらえる。
◎一緒に井戸を掘り、一人で飲む。
◎女は3日殴らないと狐になる。
◎他人の牛が逃げ回るのは見ものだ！

これらの朝鮮半島のことわざも、長年つき合いをしてきた私から見ると不思議ではない。むしろ、日本のことわざである「果報は寝て待て」、「タナからぼたもち」の方が、不思議に思えてくる。

6年前の2014年秋、初めて朝鮮民主主義人民共和国＝北朝鮮（文中では朝鮮と称する）を訪問し、鮮烈な旅となった。日中学院K氏を団長として6人の小チームである。

好奇心の強い私の知人が3名参加する。朝鮮商工会議所が引受人となり、VISA発行が認可された。折しも日本からの渡航については2014年7月に自粛令が解除され、法的に制約条件は無くなった。丁度、ピョンヤンで「第10回平壌秋季国際貿易展示会」が開催されており、その見学訪問も予定に入った。

三つのお願い

未知の国朝鮮訪問である。私から「三つのお願い」を書面にして朝鮮商工会へ提出した。
①平壌でゴルフがしたい。半日ゴルフプレーを企画して欲しい
②商品販売の現場を見学させて欲しい（百貨店、スーパー、コンビニ）
③一般家庭の訪問がしたい（住民と会いたい）
直ちに「全てＯＫである、何の問題もない」との回答があり、驚く。ホントかなと疑ってみても、行って体験して確かめてみればわかること。ますます興味がわいてくる。

入国と突然の変更

北京の朝鮮大使館でＶＩＳＡの発行手続きをする。早朝から30人位が並ぶ。もちろん私たちの他に日本人の姿はない。整然と処理されスムーズに手続き完了。急ぎ北京空港へ向かいＣＡ１２１便に搭乗する（約2時間のフライト）。
ピョンヤン（平壌）空港到着後の荷物検査は厳しい（特に書籍、辞書）。携帯電話は預け

させられた。国内で利用できる携帯もあるらしいが、今はそのサービスは中止と言われた。

ピョンヤン市内の羊角島国際ホテルに宿泊の予定が突然高麗ホテルへ変更と告げられる。理由は不明である。この国ではスケジュールその他の変更理由を説明されることはない。高麗ホテルは45階の高層ツインタワー。朝鮮の格付け「特級」ホテルで、部屋は広くて調度品も揃っており、西側の一流ホテルと変わらない。おそらく外国人専用だろう。携帯電話が取り上げられた上、突然ホテルが変更されたので、日本からは連絡先がわからない。だから電話のかけようがない。

メンバーの1人は帰国後、奥さんから「何処へ行っていたのか」と問い詰められて説明に難儀したそうだ。ケンチョナヨの心構えなり。

朝鮮でゴルフを楽しむ

この日のオリジナルプランは「タイル製造工場」訪問であった。最近、金正恩委員長が視察され、その指示により大幅に生産改善されたとのことである。しかし全く興味がなく、「私はゴルフへ行きたい」と強く主張した。2組に分かれてゴルフ組は4人となる。

平壌ゴルフコース：来場者は1000人～1500人／年とのこと（日本のゴルフ場の採算は入場者1万人／年）。

人のいないフロント。売店ではボール１個２ドルで売っていた。

平日は、ほとんど客は来ない。カート込みで１万８０００円／人。キャディーフィーという考えがないので、１０００元チップを差し出す。ごく当たり前に受け取ったのが意外な感じ。おそらくチップをくれるのは外国人だけなので慣れている。なによりも安心。

設備もほどほど、日本のゴルフ場なら「中の上」といったところか。

グリーンは刈り込んでいない。超遅い。レーキは置いていない。それでも、朝鮮でゴルフができたというだけで満足した（２０１５年にはキューバでゴルフをする）。朝鮮には５カ所ゴルフ場がある（２０１４年時点）。ピョンヤン近郊に２カ所。「朝鮮ゴルフ事情」を知りたいが、どこにも情報がない。

不思議な婦人警官

平壌市内の主要な交差点には、婦人警官が立ち、車の流れ

201

を指示している。
颯爽としており、人気のある職種らしい。しかし交通量は極めて少ない。交通整理の警官は必要ないのに、婦人警官の姿が目立つ。摩訶不思議な存在に見えた。

撮影のルール

金日成主席、金正日総書記の巨大な像は朝鮮のシンボルである。
・正面から撮影する
・全身を撮影する
・上半身とか、顔だけの撮影は禁止
規則通りに撮影したか、アテンド（案内人）にチェックされる。
多くの人が献花に来ている。

商品売り場の現場を見る！

百貨店、スーパーマーケットへ案内される。
輸入品の店ばかりで、ドル表示である。５００と書かれていると5ドルの意味。ホテル

第10回平壌秋季国際貿易展示会

内売店も同じ方式である。昔の中国の友宜商店を思い出す。買い物に来ているピョンヤン在住の市民の姿はほとんど見当たらない。6年後の今でも同じ風景なのだろうか。確かめに行ってみたい気がする。

住民が買い物に集まる店を見せてほしかったが、要望は受け入れられず。

「聞かせたいことだけ話す。見せたいものだけ見せる」

大量の買い物をして、タクシーを呼ぶ女性に出くわした。一見、朝鮮婦人と見受けたが、やはり外国人か？

ピョンヤンで、こんな光景を見るとはことのほか意外！

この展示会は「中国展示会」である。殆ど中国からの商品で30分程度の見学で十分であった。およそ意味がない。

一般住宅の見学が実現！

此処は市内から30分位離れた新しい街である。科学通りと呼ばれ、一般的な住宅（？）という説明。敷地内にコンビニ、保育所が完備している。３ＬＫが標準で、電化製品は揃っている。自転車が多く、費用は全て国が負担している。バイクは殆ど見なかった。

「一般的」とはいったいどんな地位のどんな立場の家族が住む住宅街なのだろうか。

保育所

この保育所を、最近、金正恩委員長が視察されたと聞き、園長さんに印象を伺うと「父のように温かい印象の方でした。接して感動しました」との返事だった。

自分より年下の男性を「父親のような人」とは、外国人向けの決まり文句？

フルアテンドの意味を体験！

帰国前日の夕刻のことである。夕食前に約3時間、フリータイムとなる。ホテルから平壌駅が近い（10分程度）。

知人を1人さそって駅の見物に出かけた。自分たちだけで出歩くことに危険（リスク）が伴うことへの認識が甘かっ

平壌駅

た。

警官に連行され、署で拘留される。言葉も通じない。何が何だか判らないまま、不安がつのる。署内での扱いは丁重ではあったが、「このまま拘束されたらどうなってしまうのか」こういう時はどうにも悪い様に考え、生きた心地がしない。ぶらり散歩の日本人感覚を反省しても手遅れだ。

3時間後、商工会の方（アテド）の顔を見た時には本当に嬉しかった。「九死に一生」とはこんな心境をいう。

そこで叱られる。

〝フルアテンドと何回も伝えたでしょう！〟

結び

経済交流会議は失敗に終わった。経済・金融・エネルギー・その他、多くの質問をしたが、「そういう情報を知ろうとするのは、スパイ行為である」といわれ、何も回答はなかった。

朝鮮民主主義人民共和国＝北朝鮮は世界のほとんどの国と国交を開設している。日本も国交を正常化する時が来るにちがいない。ピョンヤンでお会いした方々から暖かい対応をいただいた。中国やロシア、キューバなどにも言えることだが、国同士は冷戦状態にあっても、直接触れた人間同士のぬくもりに変わりはない。新しい時代が来る事を期待せずにはいられない。77才の私が生きているうちに実現するだろうか。（2021年2月17日 記）

「波乱」の時代を生きる
――嵐の中で道を見つけ出そう

徐博晨

安保研レポートが発刊50号となり、お祝いを申し上げます。私も10月に結婚式を挙げて、人生の階段を一段登った気がします。安保研レポートへの初投稿は、確か２０１５年だと記憶しています。思い返せば、かなり無茶な発言や投稿もたくさんありました。中国人かつ大学院で学習中の若輩である私を受け入れてくれた浅野理事長の器量には、有難く今も敬服しています。安保研の更なる発展を心から望みます。

世界情勢で言えば、10月からのハマス・イスラエル紛争によって、世界が一段と不安定になったのは間違いない。イスラエルはアメリカにとって最も優先順位が高く、特別な関係によって結びつけられている国で、国連安保理ではアメリカがイスラエルを徹底的に守ってきた。テロリストへの自衛と報復という理由があるとはいえ、そのイスラエルが侵略や人道主義違反の行為を繰り広げると、元々揺らいでいる「法の支配に基づく国際秩序」の正当性が大きく後退することは言うまでもない。平和と繁栄を愛するすべての人々にとって、これは憂慮すべきことであり、もちろん私もその一員である。

その意味でも、冷戦の終結を経験していないこの世代にとって、アメリカの前大統領トランプ氏の当選が、国際政治において最も大きな節目であった。同じ研究室の先生が、ショックで涙を堪えきれなかった光景を今でも鮮明に覚えている。それぐらい、自由主義の灯台守であるアメリカの存在が大きくて、国際秩序の礎に亀裂が走ったことは、将来に向けても長い影を落としていくのだろう。トランプ氏が当選した2017年までに、私たちが学んできた政治は一定の法則と方向性があるものだと思われていた。国内政治においては、マスコミとインターネットの整備によって、活発な議論と多元化の価値観が「熟議民主主義」を作り出せると思われた。国際政治でも、グローバリゼーションによって世界に散りばめられたサプライチェーンが、貿易と投資で各国を緊密に結び付け、「相互依存」によって平和と繁栄が守られると信じられていた。

実際は、アメリカの状況こそ、この二つの楽観的な観測を体現していたと言える。数多くの移民がアメリカの技術進歩と社会インフラに貢献しており、アメリカも彼らを受け入れる政治的な器量と文化的な寛容さを示してきた。初めての黒人大統領、バラック・オバマ氏が2008年に当選し、彼の後は、初めての女性大統領が誕生することも予想されていた。移民やジェンダー問題において一向に進歩しない中国では、有識者たちが羨望の眼差しで海の向こう側を観察していた。国際政治の場においても、アメリカが一貫して自由貿易と集団安全保障に対してコミットしてきた。民主党と共和党による政権交代が何回も繰り返してきたものの、その外交政策に高い連続性があることは、どの国際政治学者も認めることだろう。イラク戦争やリーマン・ショックなど、アメリカ発の不協和音もあったものの、それでも彼の国によって主導された世界秩序は、征伐や植民地支配が横行した過去のどの時代よりも平和で一体化されており、アメリカこそ歴史と一線を画す「慈悲深い覇権国」であることが謳われるようになった。

今となっては遠い昔のように思えるかもしれないが、これがわずかに七年前の世界で、当時の私たちは、このグローバリゼーションと自由主義の潮流は逆転されることもなく、歴史の終焉まで緩やかに進むものだと思っていた。しかし、こうした繁栄の水面下では、アメリカの政治の基盤が深く蝕まれていたことに、気づく者がごく僅かだったのであろう。今に思えば、声高らかに変革を叫ぶ劇場型の政治も、ナショナリズムに傾倒してデマと真実を混同させる言説も、保守とリベラリズムの相容れない対立も、すでに私たちの身辺でもみられていた事例である。しかし、その中でもアメリカがぶれずに旗手を務め続けたからこそ、こうした民主主義国家での波乱は「イレギュラー」として扱われた。

トランプの登場で、それまでの世界も、その世界を解釈して正当化する学説も、音を立てて崩れ去っていった。政治はより優れた指導者を選ぶ方法でも、より国益をもたらす政策を議論する場所でなく、大衆を扇動する者が権力闘争を繰り広げる戦場になった。優れた統治で成果を積み上げるよりも、国民の不安と不満を煽ぎ、陰謀論と不祥事で宣伝したほうがたくさんの票を動員できることが証明されてしまった。アメリカという最大のプレイヤーがちゃぶ台返しをしたら、今までに築き上げられた緻密かつ繊細な国際秩序が持つわけがない。高度な貿易と経済協力を目指したＴＰＰが、その一番たる被害者ともいえよう。

安全保障の面も同じである。世界の警察官が機能不全に陥ったことに対して、快く思う者もあったのであろう。しかし、これは同時に、この地球で最も強大な軍事力を持つパワーが、秩序と平和を保つことに対して興味を失せたことを意味している。「現状維持」と「現状変更」で分類すれば、トランプ政権は明らかに後者の特徴を表したものであろう。彼は当時、駐留米軍の負担転嫁や関税の増加など、経済的な利益に執着していたが、もしその要求が領土や資源などの利権へ拡大していったら、それを諫めて止める力はこの世界のどこにあるだろうか。イスラエルすら止められなかった国際社会は、アメリカをどうにかできるのだろうか。今となっては、アメリカの外交政策に一貫性を期待することはほとんどできなくて、ましてや既存の国際秩序に対してコミットし続ける約束は、存在しないに等しい。日本の中では、バイデン政権の誕生以来、ものすごいスピードで「トランプ」という悪夢が忘れ去られていったように見えるが、来年の大統領選はもっと緊張感を持って構えた方がいいだろうと思われる。

アメリカというトップが年老いた今、世界中の紛争の種が燻っており、火蓋が切られるようになった。将来を思えばどうしても暗澹たる気持ちとなって、逆に今の生活を大事に噛み締めて生きたいと思っている。平和と安寧は決して自然にあるものではなく、いつまでも続くものではないからだ。それはたゆまぬ努力と協調によって構築し、維持していくものである。一方、こうして平和と理性を大事にする人が増えれば、それこそ増長するナショナリズムとポピュリズムに対して、最終的かつ最大の抑止力になることについても私は確信している。中国にはこの平和と理性を尊ぶ国際社会において是非存在感を示してほしい。また西側諸国にも、ひたすら新興勢力を敵視するのではなく、相手の不安と危惧を理解して、共存の道を模索することを呼びかけたい。

世界は一直線ではなく、揺り戻しを経験しながら螺旋的に進歩していくものかもしれない。ならばせめて、その振り子が破滅の境界線に触れてしまう前に、我々自身と世界の未来のためにもう一度手を取り合おう。それが次世代の若者の責務だ。（2023年11月25日 記）

（じょ・はくしん　安保政策研究会研究員、東京大学大学院博士課程）

ベトナムと日本の絆

――アジア・太平洋地域の「友好のモデル」

ブイ・マイン・フン

ベトナムと日本の絆は、長い歴史を持つ友好関係で結ばれています。アジア・太平洋戦争の折には、双方が戦闘に巻き込まれてお互いに相入れない厳しい問題が生じましたが、「悲しい過去を忘れ、明るい未来に向かう」という精神で困難な時代を乗り越えました。以来、両国及び両国民は伝統的な友好関係を強化・発展させる努力を積み重ねて今日に至っています。相互努力に基づくベトナムと日本の協調関係はアジア・太平洋地域さらには世界の平和と安定および経済発展に貢献しており「友好のモデル」です。

長い歴史をもつ関係

ベトナムと日本は1973年9月21日に外交関係を樹立しました。日本へ留学、さらにVOV・ベトナムの声放送・東京支局長として勤務している間に知り得たことですが、当時、田中内閣の大平正芳外務大臣は、日本にとって懸案だった日中国交正常化と並ぶ重要案件と認識して、ベトナムとの外交関係の樹立を重視しておりました。ベトナムと日本の外交関係樹立が早期に実現した政治的背景です。

歴史を振り返りますと、日越関係は7世紀から始まったと書かれた古書が現存しています。ベトナムは、14世紀から16世紀にかけて、中国・明朝との冊封体制を通じて、琉球王国と活発な貿易を行いました。琉球王国は、琉球産の硫黄、中国産の陶磁器、日本産の金、刀、扇、絹織物などをベトナムほか東南アジア諸国へ届け、東南アジア産の胡椒や蘇木を運びました。16世紀後半、日本は朱印船によって積極的に東南アジア各国との貿易を展開していました。ベトナムと貿易していた朱印船のほとんどは、中部ベトナムのホイアン港に寄り、絹や香木などを積み出しました。ホイアンに作られた日本人町には、数百人の日本人が居住していたということです。当時に関する完全な統計はありませんが、17世紀初めの30年間で朱印船によって7・5トンもの日本の銀が北部ベトナム（トンキン）に運ばれ、地元の絹などと交換したという記録があります。これにより、トンキンの手工芸業や外国との貿易が急速に発展しました。特にトンキンの絹1分の5は、日本市場において中国絹糸の代替物となり、1641年～1654年にオランダ東インド会社が日本へ輸出した額（約1280万ギルダー）の4分の1を占めました。17世紀後半から18世紀には、中国商人による貿易ネットワークが発達したため、琉球王国や日本は、ベトナム産の蘇木などを中国商人から調達するようになり、直接ベトナムに寄港することがなくなりました。

包括的戦略的パートナーシップ

去年、2023年、外交関係樹立50周年を迎えるにあたり、両国政府は両国の関係を「アジアと世界における平和と繁栄のための包括的戦略的パートナーシップ」に格上げすることに合意しました。この結果、歴史上かつてないほど双方の絆は強固なものとなりました。両国関係がハイレベルになったため、政治的な信頼関係だけでなく通商貿易も一段と飛躍することが約束されました。格上げの歴史的な節目にあたり、「無限の可能性を秘める」と期待される両国関係を、未来に向けて、さらに大きく前進させるため、ベトナム政府及びベトナム国会は貢献していく覚悟と承知しております。

近年、とみに国際情勢が目まぐるしく変化し、世界の分断が深まる状況が顕著です。ウクライナやパレスチナ情勢は、ベトナムにとっても無関係ではありません。南シナ海をはじめ地域の安全保障環境は予断を許しません。「自由で開かれた南シナ海とインド・太平洋」を実現する上で、日本とベトナムは重要なパートナーであり、平和の維持に共通の責任を負っています。特に南シナ海で周辺諸国に対して領有権を主張する中国とベトナムを含む関連諸国との衝突は絶対に避けなければなりません。そのためには、中国と深い歴史のかかわりを持つ日本とベトナムがアセアン諸国と協力して南シナ海の自由な航行、ひいてはアジア・太平洋地域の平和と繁栄に力を尽くしていかなければなりません。

日越関係が、政治や経済、文化やスポーツの幅広い分野において、同時に政府首脳から草の根レベルの交流に至るまで、着実に発展してきたベースには、人と人との共感と共鳴があります。勤勉で実直な民族性が共通しているベトナムと日本は、共に限りなく発展していくに違いありません。

私は、浅野勝人理事長の既知を得て、シンクタンク（安保研）のメンバーとして知的鍛錬の機会に恵まれたことを人生の誇りに思っています。（２０２４年2月10日 記）

（安保政策研究会研究員、ＶＯＶ：ベトナムの声放送東京支局長、金沢大学文学博士）

重要な内外の進路を指摘！

宇田信一郎

ウクライナとロシア、イスラエルとハマスの対決に対して、人類社会が、一刻も早く停戦と共存の事態を創出し、国家の独立性と領土尊重を含めて国際法に基づき国際社会がそれを保障していくことが望まれており、現存の地球上に存在するすべての国家と協力して、そのための貢献をしていくことが日本のレーゾンデーテールとなることが、求められている。

このグローバルな課題に関連して、巨視的、長期的観点で世界と地球環境との共存、国際的総合社会の形成、日本の進路について、4点指摘させていただきます。

（1）急がれる憲法改正

日本が、第2次世界大戦後の歴史として辿ったものの中で、55年体制という国家のシステムが重要なターニングポイントであったことを再認識し、その未達成の目標を一刻も早く達成しなければならない。同時に、日本の政治に根本的な影響を与えた保守合同の折、憲法改正を誓ったが、いまだに実現していない。

第2次大戦後の冷戦の影響で、世界がバイポラリゼーションに陥っていたことは、各政党間にも影響を与えた。特に1960年の日米安保条約改正の頃は、日本の政党の左右対立が激しく、独自性はあっても、共通の底辺がないことが政治の問題点で、他方で政権交代をもたらす土壌も未熟で、改正を阻んだ。

現在は、政権交代も実現し、イデオロギーの対立も収まりアレルギーも低下し、改正が可能な日本の社会になってきていて、国民の賛成を得やすい形で、主権者の同意の国民投票ができる環境になっているので、与野党とも、国民の賛同を得られる行動を早急に取るべきである。

（2）世界に貢献したい日本の進路

日本が仕掛けたアジア・太平洋戦争には、多くのアジア諸国の独立の志士達が賛同して参加した。インドのネール元首相の獄中の日記にも「日本の明治時代以降の進路に如何に勇気づけられたか」と記されている。米欧側も「大戦による領土の獲得、拡大はしない」と「大西洋憲章」を創り、日本の敗戦とともに誕生した国際連合の基本理念となった。

現在、国際社会は、冷戦に逆戻りしているが、世界の安定や地球環境との共存について、日本の進路を通じて世界に貢献する道は開かれている。

あらゆる機会を捉えて、日本から提案し、国連総会の議決とすることも心掛けるべきと考える。

（3）地球環境との共存と経済政策

人類と国家は、地球構造の変化とそれによる天災からは逃れられない。本年初頭の能登半島地震に対し、政府は全力で被災者の救助、被災地の復興に傾注している。２０１１年東北大震災からの復興もそうであったように、天災が日本経済に与える影響は、多大でありＧＤＰにも影響する。２０００年当時、日本のＧＤＰは世界第3位であり、世界の16・８％であったが、ＯＥＣＤによると２０６０年には3％と推測されている。

日本の場合、人口減の進行や、ＡＩによる第４次産業革命に成功し、生産性の向上や、移民政策をどうするかについても対処しなければならない。またグローバル経済の変動による物価高にまさる実質的賃金・可処分所得の増大を継続的に実現する所謂新資本主義を実現していく困難な課題がある。このためＧ７の中でも、今年は、ドイツが日本を抜いて世界４位となるとみられている。

しかしながら、日本がグローバル経済について絶えず提言し、世界から注目される日本経済であるべきだ。

（４）日本は民主主義のモデル国になる

一昨年の安倍元総理の暗殺や、昨年来、緊急に浮上している政治資金のありかた・透明性・企業団体献金等をどう解決していくかどうかは、まさに我が国が、世界の中で民主主義国家としてモデル国となりうるかを問われているといわねばならない。保守合同以来の日本の政治史の中でも一つのターニングポイントである。

この問題の解決に政治刷新本部や、議会の在り方、政治資金パーティー・政治資金改正法を含めて、日本が叡智を発揮できるかどうかは、世界の安定的の発展に日本が貢献し、信頼される国として評価されるかに影響する。まさに日本の進路と国民の信頼が建設的なものであることが求められる。

日本はこの課題を解決していく国と信じたい。

ご参考に、日本プレスセンター　ホームページに「時代の一端と日本の進路」と題した関連の記事が掲載されており、ご覧いただければと存じます。（２０２４年1月20日 記）

（うだ・しんいちろう　安保政策研究会理事、新政研究会会長、日本グローバル戦略研究会代表）

スネガから見たマッターホーン（ツエルマット・スイス）

函館ハリストス教会の春

作：熊谷一雄（安保研オブザーバー）

特別寄稿

過度な軍事力強化は過《あやま》ち

古賀　誠

政府が決定した安保関連3文書は、我が国の外交・防衛政策の基本方針を示した重要な戦略です。懸案だった「反撃の能力」（事実上の敵基地攻撃能力）の保有を明言して、相手の領域内のミサイル発射施設を直接攻撃することができる法解釈を示しました。そして、2023年度から5年間の防衛費を43兆円と決めました。

予算規模は、現行計画の1・5倍超に相当するそうです。現在、日本の防衛費は世界8位ですが、どこまで押し上げたら気が済むのか。平和憲法の精神を押しつぶします。私たちが田中角栄、大平正芳ら先輩から「軍事大国にはならない」と諭され、引き継いできた日本の防衛政策の転換に危惧の念を抱きます。

何が何でも現状を変更するなと申し上げているのではありません。ウクライナ戦争にみられる緊迫化した国際情勢に合わせて、国を守る自衛力を最先端技術兵器に見合って刷新をしていくのは必要なことです。3文書に明記されたアメリカの「トマホーク」を導入するとともに、弾道ミサイルの迎撃能力を高めて〝抑止力〟とする日米軍事同盟充実の重要性は理解します。宇宙、サイバー、電磁波など新たな領域の能力を最小限度強化することにも同意します。指摘したいのは、無理な大幅増税を伴う過度な軍事力増強政策は、意に反して他国を刺激し、あらたな緊張関係を醸成する逆効果を生む懸念を残すだけだということです。問いたいのは、防衛政策と並んで重要な外交政策をどのように展開するのか基本的な指針が欠落している点です。

台湾有事に対する日本政府のスタンスは、アメリカに追随することではなくて、中国と台湾の話し合いによる双方の融和、相互信頼に基づく問題解決に寄与することです。半世紀前、日本政府は日中共同声明で「台湾は中国の不可分の領土の一部」と認め、アメリカとは異なる立ち位置にあります。中国の武力による台湾解放には徹底的に反対して、双方が納得する話し合い路線の推進に全ての外交努力を傾注する説得力のある国は日本しかありません。確かに、将来に夢を抱かせた「1国2制度」を香港で破壊した中国政府には失望を通り越して怒りさえ覚えますが、日本がそれに代わる新たな道標を提案するくらいの気概があってもいい。それが外交力です。外交政策は、軍事力を倍増するよりも我が国の安全にとって確かな担保能力になります。

更に重要なのは、政策のpriorityを勘違いしている点です。かつてアメリカに次ぐ世界第2位のGDP大国だったのがウソのような凋落ぶりの昨今を顧みる時、経済力に替えて「軍事大国」を目指すのか、岸田首相に問うてみたい。喫緊の政治課題は、激減を続ける人口減少の現実を直視することです。コロナの影響が加わったからとはいえ、去年生まれた赤ちゃんは遂に80万人を下回ったという。このまま推移すると、毎年、鳥取県が一つ消滅するほどの人口減が続きます。人口問題＝出生率・乳幼児・こども対策は放置することの許されない最優先政治課題です。半世紀後には生産年齢人口がピーク時の半数になるというデータさえ示されています。旺盛な需要が半減する時代です。日本の未来を危うくする指数です。軍事力の強化・増強どころではありません。今一度、立ち止まって、みんなで足元を見つめ直してみたいと痛感いたします。

私は1940年生まれで、終戦の時5才、まだ小学生になっていなかった。2才の時に父が出征して、終戦の前年44年に戦死したと伝えられました。父親の顔も温《ぬく》もりも知らない。母はふたりの幼い子供をかかえ苦労に苦労を重ねて育ててくれたと聞いています。並みの辛苦ではなかったことだったろうと思います。どれほど感謝しても足りません。
初めて衆議院選挙に出た折、宏池会の大平正芳会長に履歴書をもって挨拶に伺いました。「君は母子家庭か。いい宝物を持っている。貧苦を経験しているということは、政治をやる者にとってとても大事なんだ」と言われました。感動で震えたのが、昨日のことのようです。まさか自分が大平正芳から数えて5代目の宏池会会長になるとは露《つゆ》の一滴《ひとしずく》も思ったことがありませんでした。宏池会会長は国会議員引退と共に岸田文雄にバトンタッチしましたが、今日なお、責任の重さを自覚しています。特に、宮沢喜一内閣以来30年ぶりにリベラルな宏池会政権（岸田内閣）が誕生して肩の荷が下りたと思いきや、清話会（安倍派）に引っ張られてあっという間に逆方向に流されてしまいました。慚愧《ざんき》の念に堪えません。
私は生涯を通じて政治にとって一番大切なのは平和を守ることだと学びました。重ねて申し上げます。少数の政治家の思惑が膨大な市民を犠牲にする〝愚かな戦争〟だけは繰り返してはなりません。多くの方々が、その思いを秘めて政治に参加していただくことを念願いたします。（2023年1月5日 記）
（こが・まこと　自民党幹事長、自民党国会対策委員長、運輸大臣、宏池会会長、日本遺族会会長）

特別寄稿

見とどけたい〝真心の政治〟

河野洋平

自民党をひっくり返した1発の凶弾!

近年、安倍1強体制の進展とともに『派閥政治』が自民党内に横行しているのを懸念していた。例えば、岸田(文雄)さんが首相になっても岸田派会長を引き続き務めていたのは全く異例なことだ。閣僚や党役員の在任中は派閥を離脱するという(1989年に党が決定した政治改革大綱)ルールがあるのに、ないがしろにされていた。1強多弱(自民党が圧倒的多数で、野党がばらばらで少数)のおごりが、自民党を弛緩させて緊張感を麻痺させてしまった。

もっとも自民党には昔から派閥が存在し、仲間の頭領を総理大臣にするのを競っていた。

私の父・河野一郎は自らの派閥「春秋会」に担がれて総理を目指し、ゴール寸前で病に倒れた。「三角大福中」は派閥全盛時代で、全員が首相になった。どの派閥も内政外交の理念を掲げて国家国民のために役立つ政治を実現するため首相の座を目指した。ところが、時と共に派閥の機能が変化して、閣僚・副大臣・大臣政務官のポスト争いと政治資金集めが主な目的に変質してしまった。いつの間にか、国民のための政治であるべきものが、党のため、さらには派閥のための政治になってしまった。

歴史の皮肉だが、安倍元首相が暗殺された1発の凶弾が、自民党をひっくり返した。野党より数の多い最大派閥「清和会」（安倍派）の裏金が露呈して派閥解散に追い込まれ、多くの議員は虚脱状態と聞く。自民党は初心にかえって積年の膿を出し切って、出直さざるを得ない。

もっと踏み込め政治改革!

自民党がまとめた政治改革の中間とりまとめは物足りない。派閥を「お金」と「人事」から切り離した「政策集団」として存続させることを決めたに過ぎない。政治を刷新させるためには、選挙制度のあり方、国会運営の在り方、官僚との距離感のあり方を見直す不断の改革努力が不可欠と問題意識を指摘しただけだ。

もともと派閥は任意団体みたいなもので、本来の政党の仕組みの中には存在しない。総裁が最初から相手にしなければいいだけの話だが、現実には派閥単位で人事が強行され、お金の集め方、お金の処理の仕方まで決めた。結局、実質的に利便で都合のいい裏金にいきついた。納税を厳しく求められている国民の目には、政治家は大口脱税を許容されているのではないかと映ってしまった。政治の要諦が崩れたからには、是正と責任の所在をはっきりさせないと総選挙は戦えない。

実は、30年前に私が野党・自民党総裁として散り組んだ政治改革も「政治とカネ」の問題だった。細川首相と合意したあの政治改革は、選挙制度では小選挙区制を導入し、政治資金問題では公費による政党交付金を導入する代わりに、企業・団体献金はやめるという大きな改革だった。今行われている話は、本来そこで終わっていたはずだ。ところが、企業・団体献金の禁止は激変緩和という名の下に5年先にずらされ、結局そのまま30年がたって、同じ問題に直面している。

自民党は年に約160億円もの公費助成を受けておきながら、やめると約束した企業・団体献金の『もらい方』の議論をしている。政党交付金の導入を決めた立場からいえば、全く意味がない、無責任な議論だ。企業・団体献金をやめないなら、政党が国民の税金から交付金をもらうなんてことはやめないと筋が通らない。

小選挙区制導入は「失敗だった」

当時、宮沢喜一首相は政治資金の腐敗を撲滅する腐敗防止法を考えていた。ところが、政治改革の議論は選挙制度の議論に収斂《しゅうれん》されて、小選挙区制の導入で決着してしまった。なぜそう変わってしまったのか、いまだに私には分からない。国会が政治改革という大きなうねりの中に置かれて、どういう政治を目指せばいいのか、どんな改革をすればいいのか、真剣に考え行動していた。ところが、あっという間に政治改革とは小選挙区制の導入だというふうにすり替わった。政治を取り囲む雰囲気全体が変わって、小選挙区制に対する是非しか議論がされない情況になってしまった。メディアからも「小選挙区は非と言えば守旧派」と批判され、「是と言えば改革派」ともてはやされる。小選挙区比例代表制の導入が政治改革の前提になってしまったので、かろうじて、選挙制度を変えるのならカネのかからないシステムの構築をしようと主張して、もう一方の車輪（政党助成金導入と企業・団体献金禁止）を懸命になって回した。

日本の政治は、政治改革という名目で実現した小選挙区比例代表制に置き換えられたが、総選挙を繰り返すたびにひずみが拡大していった。選挙区ごとの定員が1人なので、例えば、自民党では公認されれば当選確実、公認されなかったら立候補さえおぼつかない。特に落選したのに惜敗率で復活当選した候補者は、自民党のおかげで議席をいただいたことになる。

だから、党の方針や公認で世話になった派閥の意向に逆らう議員はいなくなる。政党を活性化する生き生きとした議論が聞こえてこなくなってしまった。「もの言えば唇寒い現象」は政治を劣化させた。正直に申し上げて、こんなはずではなかったというのが実感だ。

「大変責任を感じている、小選挙区制の導入は失敗だった」

小選挙区比例代表制は世界各国で採用されている選挙制度で、いろんなやり方があるから全部がだめとは言わない。しかし、今、目の前で行われている選挙の実態は、党の執行部が候補者を一本に絞ってしまい、とても世の中の多様性に対応しているとは思えない。政治体制の根幹をなす選挙制度のあり方について、中間とりまとめは、長文の最後に見直すべき政治課題のひとつと指摘しているに過ぎない。選挙制度の改革は、政治資金の扱いと表裏一体の最重要テーマという意識に欠ける。

30年前の改革の結果がこの体たらくで、政治家の責めは重いと自覚している。政治改革に取り組む姿勢は、政権の維持や政権交代を視野に入れ、果敢に挑むのは当然だ。だが、今回は与野党とも政治的思惑を超越して、国民の政治不信を払しょくする取組が期待されている。私たちの世代の中途半端に終わった政治改革を「刷新」してほしい。

（こうの・ようへい　第71代、72代衆議院議長、副総理、外務大臣、内閣官房長官、科学技術庁長官、衆議院議員、連続14期。日本国際貿易促進協会会長）

特別寄稿　半世紀――青春の追憶！『こだわりのロッキード事件』

浅野勝人

先月（２０１６年7月）23、24日の連夜、オンエアされたＮＨＫスペシャル「未解決事件！ロッキード事件の真実。40年目の衝撃スクープ」は、私が抱き続けてきた長い間の疑念にはっきりと答えてくれ、得心しました。

「コンピューター付きブルドーザー」

ＮＨＫ政治部の若い記者だった私は、１９７２年夏、人生ではじめて外国に出張する機会に恵まれました。ハワイで行われる田中首相とニクソン大統領の日米首脳会談（8月31日～9月1日）を取材するためです。

田中角栄が日中国交正常化を公約に、熾烈な角福戦争を勝ち抜いて組閣して間もなくのことでした。この内閣には、内政は田中角栄、外交は大平正芳という暗黙の役割分担がありました。大平番だった私に、田中首相に同行する大平外相をフォローするハワイ行きの役目が回ってきました。

その頃、視聴率の高かった朝のNHKニュース番組「スタジオ102」の政局解説で、キャスターの質問に答えて、田中角栄のことを「コンピューター付きブルドーザー」と言ったところ、あっという間に日本中に広がり、しゃべった本人がびっくりしました。あの頃、流行語大賞があったら、私の造語は当確だったと思います。

日本の針路転換の年

1972年は、世界を仰天させたニクソンの電撃訪中（2月21日）にはじまり、最長不倒距離を誇った佐藤内閣の退陣、（その後、安倍内閣が記録更新）田中内閣発足（7月7日）、日中国交正常化を達成した田中・周恩来首脳会談に伴う共同声明（9月29日）と矢継ぎ早に日本の針路を転換させた激動の年でした。思えば「あさま山荘事件」（2月19日）が発覚して日本赤軍が壊滅して、過激な学生運動が消滅した時期でもありました。

「よっしゃ！　よっしゃ！」——日米首脳会談

当時の日米間の主要テーマは、貿易不均衡の是正でした。しかし、この経済マターは表の看板で、大平正芳のホントの関心ごとは、国交正常化を誓約する歴史的な田中・周恩来日中首脳会談をまじかに控え、中国を仮想敵国として敵視してきた日米安保条約の扱いに細心の注意を払っていることを私は承知していました。日本の生存にかかわる最重要の日米安保条約が中国との交渉の障害になったら日中交渉は破たんします。むしろ、中ソ対立が軍事的にも中国にとって危険な情況にある現状を踏まえて、日米安保体制は中国を支える〝暗黙の後方支援〟であること。日中正常化は、アジアの平和と安定のための誓約であることを周恩来と理解し合って、確かな信頼関係を築きたいと大平正芳は思い続けていました。

ホノルルの田中・ニクソン首脳会談で、日本側は中国に気兼ねして日米安保条約の扱いに及び腰になるのではないかと懸念する声が大方の指摘でした。私は、逆に、日米安保条約の重要性がことさら強調されれば、日中正常化交渉はまとまると予測していました。日米安保体制は深刻な中ソ対立を背後に抱える中国にとって、むしろ存在した方が好都合だと周恩来が受け止めているに違いないことを大平外相の変幻節句から感じ取っていたからです。浅野記者の判断はズバリでした。結果は、歴史が証明しています。

まさか、ホノルルの日米首脳会談の奥に、もうひとつスキャンダルがあったとは思いもしませんでした。のちに知ることになった「よっしゃ！　よっしゃ！首脳会談」の存在です。

間違っていなかった40年間の疑念！

アメリカの「チャーチ委員会」（上院外交委員会多国籍企業小委員会）で発覚したロッキード事件は、田中角栄前首相が5億円の賄賂を受け取った疑いで受託収賄と外為法違反で逮捕された戦後最大の疑獄事件となりました。

公務員の受託収賄罪は、①請諾があった（頼まれた）②金銭の授受があった　③職務権限がある（政策決定に直接の影響力がある）

以上の3要素の立証が必要です。

ロッキード事件は、政策決定に絶対的権限をもつ田中前首相が大手商社・丸紅から請諾を受けて、ロッキード社の航空機「トライスター」を全日空に買わせ、その報酬としてロッキード社から5億円のワイロを受け取った受託収賄罪が問われました。

東京地検特捜部は、民間航空機・トライスターの導入に関する請諾、金銭の授受、職務権限を立証して田中前首相を起訴しました。起訴事実は、十分に納得できる内容でした。

当時、私は、あの日米首脳会談で、田中首相がニクソン大統領から貿易不均衡是正のため

「航空機を買うように依頼された」としたら、民間航空機だけの請諾だったという想定には納得しがたい思いでした。事実は深い闇の中に消えて久しく、もはや真実を知る由もありませんが、民間航空機と合わせて「日米安保体制を強化する観点から、最新軍用機の導入」を強く要請されたと推定する方が自然だと私は思い続けてきました。

具体的には、ロッキード社の対潜水艦哨戒機「P3C」(通称オライオン）の導入です。ロッキード社秘密代理人、児玉誉士夫にP3C導入のコンサルタント料、21億円が渡ったというアメリカの未確認情報は、米政府首脳の主な狙いが軍用機で、民間航空機は付け足しだったのではないかという疑念の根拠となります。

NHKスペシャルのドラマ化された場面で、事件の指揮を執った東京地検特捜部・吉永祐介主任検事（岡山大学出身の異色の第18代検事総長）が、軍用機（P3C）の疑惑に執拗にこだわり、児玉誉士夫の臨床尋問を繰り返す執念を視て、ドラマとはいえ、納得のいく姿に映りました。

しかし、現実の捜査は14時間に及ぶ臨床尋問によって、児玉証人をあと一歩のところまで追いつめますが、金の受領は認めながらも脱税で逃げられ、政府高官への金の流れは掴めないまま尻切れトンボとなります。児玉誉士夫は自分個人の脱税事件に終わらせ、軍用機をめぐる疑獄事件への発展を防ぎました。病床での臨床尋問を巧みに潜り抜けたしたたかさは筋金入りのフィクサーです。

「悪政・銃声・乱世」——児玉誉士夫

ひとこと付言すると、かつて赴任先のNHK北見放送局の記者一年生がむさぼり読んだ児玉誉士夫著「悪政・銃声・乱世」（昭和36年8月初版）の結語に「反共主義者の自分が、保守政党にたいしてのみ仮借なき批判のペンを進めた。その理由は、百千の反共論を並び立てるよりも、げんざい日本の政権をにぎっている保守政党が改革され、国民に真実信頼される政治を行うことこそ、最良の反共的〝防波堤〟であると信じたがゆえに、保守党の反省を強く求めたゆえんである。

日本国内の左翼勢力が、いかなる方法と術策をもちい、革命的活動をしたとしても、その余地をなからしめるだけの健全な政治体制の実現こそ我々の運動の目的とせねばならぬと思う」

半世紀前の自叙伝です。戦中、戦後を通じて「右翼の巨頭」を貫いたオトコの腹の座り具合は、良《よ》し悪《あ》しを超越して確固たるものがある。

40年目の衝撃スクープの要点は【3点】

それた横道からUターンして、

・三木首相の強い要請によって、アメリカ側から提供された資料には、民間機・トライスター導入に関わる相関図がＴＡＮＡＫＡを焦点に証拠書類を添えて明確に示されているのに、６００点におよぶ膨大な資料の中に軍用機のＰ３Ｃ、Ｅ２Ｃ偵察機（早期警戒機）は一文字もなかった点です。

ドラマの中で吉永主任検事（吉永役を演じた俳優・松重豊の演技は秀逸でした）が、トライスターは明白なのに、Ｐ３Ｃにまったく触れていないアメリカの膨大な資料を前に「（前首相を逮捕できるかどうか）試されているのか、それとも（民間機に）誘導されているのか」とうめくように言ったセリフに深層の深かさが語られていました。

軍用機が汚職の対象となって白日の下に晒され、日米安保体制が批判の的になるのを嫌った日本政府の要請に基づいて、アメリカは軍用機を隠した。そして民間機を餌に投げてよこしたと私も思っています。

もう一つの要点は、

・ロッキード社との交渉の窓口となった丸紅・常務直属の部下で、すべてを知る航空機課長が、「トライスター採用は事実上決まっていた。田中・桧山会談（丸紅・桧山会長が田中総理を私邸に訪ねて、トライスターの採用を請諾したとみなされた会談）は、実はＰ３Ｃ導入のお願いだった」とＴＶカメラに向かって40年ぶりに証言した点です。

やっぱりそれが真相だったのかと今更のように思いました。40年経たないと真実は語れない。それでもなんらかの形で証言しないと真相を知る自分が生きていた証にならないと思う〝人の性《さが》〟に切ない思いがしました。

・さらに確信を得たのは、児玉の身の回り世話役だったと思われる初老の男性の証言です。シロウト集団の「丸紅ルート」からは重要な資料や発言がボロボロ漏れましたが、プロ集団の「児玉ルート」からはまるで情報は得られませんでした。当時、検察の事情聴取に備えて、重要書類を焼き捨てるように指示された児玉側近の一人がTV画面に登場して、「全てドラム缶に入れて燃やした。英語の領収書のようなものもあった」と述べ、「もともと私は言われたことについては忠実に守る質《たち》です」と豪邸の児玉邸内の庭で笑みを浮かべてすらっと言ってのけました。その姿に児玉サイド唯一の情報漏洩を視て、時の流れを感じました。流行語になった「ピーナッツ」「ピーシーズ」といった類の領収書がバラバラ出てきた丸紅ルートとは異なり、児玉一家は年季が違いました。

世論は、民間航空機にまつわる前総理大臣の疑獄事件摘発に満足しました。その陰で、軍用機疑惑に発展するのを巧みに避けて、戦後歴代政権の安保政策、さらには日米安保体制の在り方が俎上《そじょう》にのぼるのを食い止めたのは、日米エスタブリッシュメントの高度の政治判断と見えざる巨大な権力だったと私は改めて確信しました。〝虎の尾〟を踏んだ角さんは、やっぱりスケープゴートだった。

噂の〝CIA関与〟説

もうひとつロッキード事件にまつわる奇妙な感じは、米上院外交委員会多国籍企業小委員会の公聴会で、ある時、突然、取り上げられた事件の発端に違和感を覚える点です。当時、米国内の情報機関から別の情報機関に送付した機密書類が、誤ってチャーチ委員会に届いてしまったのがきっかけと伝えられました。そんなバカげたミスはあり得ない。このからくりは、アメリカ政府首脳の了解の下で行われたCIA（Central Intelligence Agency ＝米中央情報局）のマッチポンプだったのではないかという疑念が惹起《じゃっき》されます。

ロッキード事件にはCIAの関与が風の便りに取り沙汰されてきたからです。『CIAスパイ養成官』（山田敏弘著、新潮社）は、米ニュー・リパブリック誌（1976年4月10日号）から情報機関関係者のコメントを引用して「CIAは、航空機を売る工作で多額の現金を配ってきたロッキード社を、児玉のような人物を使って秘密裏に資金作りの隠れ蓑にしていたのだろう」と指摘し、さらに「ロッキード事件の捜査に精通するアメリカ政府幹部によれば、CIAは米政府の外交政策目的を果たすために、ロッキード社による金銭的な工作を指揮してきた可能性がある」と、CIAが裏でロッキード事件の糸を引いていたのではないかと記述しています。

確かにロッキード社による汚職事件は、オランダ、イタリア、インドネシア、サウジアラビアでも航空機の契約に伴い多額の賄賂が配られて大騒動になりました。そこでもCIAの存在が噂の域を超えて指摘されました。

そういえば、贈賄側の主犯、ロッキード社副会長のアーチボルト・コーチャンがアメリカ国内の捜査の結果、〝お咎めなし〟だったのはなんとも奇妙な事でした。収賄側が逮捕されて、贈賄側は無罪放免とは日本ではあり得ません。その間の事情を垣間見る思いがして、やはり出来レースだったとしか私には考えられません。

右翼の大物だった児玉誉士夫は、A級戦犯容疑で巣鴨プリンスに収容されたが、保釈されたあと、CIAの協力者になっていたのが、『CIA　スパイ養成官』が指摘した通り事実とすれば、表裏すべてを承知していた児玉が日本の検察の手に落ちることはもともとなかったわけです。もはや角さんは、アメリカにとって無用の長物だったのでしょう。（この項、2019年9月）

こだわりのロッキード事件〝終幕〟

丁稚奉公から今太閤に登りつめ、刑事被告人に貶《おとし》められた「宿命の人」田中角栄の生涯を、まるで弄んだかのように映るロッキード事件は、さまざまな意味合いで、私には不愉快な想い出しか残してくれていません。それにも拘《かか》わらず「角栄と民間航空機・トライスターに全ての責任を押し付け、軍用機に蓋《ふた》をした」半世紀の疑念に対するいささかの裏付けに、私なりに納得して「我が青春の追憶――こだわりのロッキード事件」を終幕とします。（2016年8月6日）

ロッキード余話！

ロッキードは前総理大臣を訴追する疑獄事件でしたから、いくつかの思い出があります。ある時、田中番として田中角栄に食い込んだ敏腕記者だった某社政治部OBとロッキード事件をめぐって思い出ばなしをする機会がありました。田中角栄は、法務政務次官だった折、収賄罪で逮捕された「炭管汚職事件」を心の内では絶えず気にしていたといいます。

炭管汚職事件（炭管疑獄）とは、終戦直後の1947年（昭和22年）、社会党首班政権の片山哲内閣が国会に提出した炭鉱国家管理法案に炭鉱経営者が反発して、保守党の衆議院議員に政治工作をした買収事件です。収賄罪で起訴された7人の議員の中に田中角栄が含まれていました。田中角栄に対する判決は無罪でしたが、法の遵守を統括する法務政務次官の立場にありました。

「あれだけの能力のある人です。炭管疑獄の体験を生かすことのできない政治人生だったのが残念です」

「そういえば、ＮＨＫ朝のニュース番組で田中のことを『コンピューター付きブルドーザー』と言ったのは、浅野さん、あなたでしたねぇ。アレ、田中は気に入っていました。ただ、学歴学閥、門閥、閨閥、なにもない田中の頼りはお金でした。資金力にモノを言わせて実力者に取り入り、子分を増やしていきました。今太閤にのし上がるには、その裏で無理な資金作りに追われていたはずです。次々と直面する難局の乗り切りに辣腕を振るいながらも心身は汲汲《きゅうきゅう》としていました。神経を休め、身辺を顧みるゆとりはありませんでした。最後にその付けに押しつぶされました」。

田中角栄に深く食い込んで信頼されていた番記者ＯＢのしみじみとした思いに心打たれました。

計り知れない政治家の業――秦野章（警視総監、法務大臣）

炭管疑獄が起きた１９４７年は、新しい国づくりに着手したばかりの終戦３年目の年で、旧法から新法への切り替えの最中で、法律の整備も十分ではなく、政治経済が不安定な時代でした。１９４８年（昭和23年）には「炭管疑獄」を追いかけるように「昭電疑獄」が摘発されて、民主党首班政権芦田均内閣は総辞職に追い込まれました。

昭和電工汚職事件（昭電疑獄）は、昭和電工が復興資金の融資を受けるため政府高官に現金を送った贈収賄事件です。芦田内閣の国務大臣、前副総理の西尾末広社会党書記長の逮捕に止まらず、芦田総理本人も逮捕されて、耳目を揺るがせた汚職事件でした。この事件を摘発、捜査した若い警視庁捜査2課長が〝秦野章〟です。後の警視総監です。

それから35年‥中川一郎衆議院議員死去（1983年1月9日）の報から2日目のことですから1月11日、懇意にしていた政治家のひとり・中曽根内閣の秦野章法務大臣から呼び出しがありました。私は出先記者のトップ、首相官邸キャップからNHK解説委員に昇進したばかりの折でした。

中川一郎議員（57）は、前年、秋の自民党総裁予備選挙に敗れたとはいえ、ポスト中曽根を目指すニューリーダーの地位を確立して、世論の期待を集めていましたから突然の病死は惜しまれました。

「久しぶりに晩飯を一緒に食おう。都合つけて来いや。必ず来てくれ」との誘いです。法務大臣から急な呼び出しに思い当たる節のないまま、赤坂の料亭で秦野章と差し向かいになりました。

しばらく雑談をしていたように記憶します。突然、秦野から「中川一郎なぁ。あれ自殺だったんだ」と言われた時は、私は愕然としてことばを失いました。日本中が、春秋に富んだエネルギィッシュな「北海のヒグマ」の突然の病死を悼んでいた折のことですから、「ホントですか。ウソでしょう。自殺とは信じられません」と言うのがやっとの私に、秦野は「法務大臣が言ってるんだから、間違いねぇ」とつぶやきました。

なぜ中川一郎が死を選んだのか、死を選ばざるを得なかった政治的背景は何なのか、そもそも、何が引き金になって死を急いだのか。矢継ぎ早の私の詰問に、法務大臣は「いちばん肝心のそいつが分からねぇ。遺書もないようだ」と言って、ギョロ目をむき出して私を睨みつけました。

「軽々しく、滅多なことは言えねェ。政治家の背負っている業には計り知れないものがある。動機はともかく、自殺の事実に変わりはねぇ」

「法務大臣がそこまでおっしゃるのは、NHKのニュースでやれということですか」

「いいか、明後日《あさって》、本葬だぞ。葬儀委員長は福田赳夫元総理がお勤めになる。当然弔辞を読む。病死のままの葬式とするか、世間が自殺と知った上での葬式とするか、その違いにゃ天地の差があらぁな。弔辞の用語、言い回しから口調まで影響する。こんなウソは、1週間と持たねぇ。隠し通したってせいぜい3週間よ。葬儀の直後にでもばれてみろ。福田赳夫先生に恥をかかすだけでは済まないぜ。日本中が引っくり返るような騒ぎにならぁな。札幌地検検事正と北海道警察本部長の首ぐらいでは収まるまい。隠し立てしたオレや検事総長の進退問題にだってなりかねねぇ。4人や5人はケガ人が出らぁな。どこからか自然にもれて、NHKの朝のニュースで伝わるのがベストのような気がする」

「大臣の真意はわかりました」

スクープを伝える翌朝のNHKニュースは衝撃的でした。（浅野勝人著『日中秘話　融氷の旅』青灯社、2章「哀しい：政治家の背負う業《ごう》」に詳細）

NHK政治記者として、佐藤内閣中期から政治の現場を取材してきた私は、後に自らが国会議員になる運命とは知らず、「やるせない政治家の業」を秦野法務大臣としんみり語り合いました。自ずと話題は〝時〟あたかもロキード事件におよびます。

秦野章は、「田中角栄がオレを法務大臣に押し込んだ気持ちは、お互い言葉にゃ出してねぇが、痛いほどわかってる。逡巡しないわけじゃないが、娑婆《しゃば》にゃできることとできないことがあらーな」としみじみ自分に言い聞かせるように、いささか無念の情をにじませて、胸の内を語りました。

指揮権発動を期待されて法務大臣に抜擢された。やれるものなら発動して、ロッキード事件を全てチャラにしてやりたい気持ちはあるけれども、やるにやれない、やるべきでないと思っている苦渋の吐露でした。

法務大臣は、個々の事件の取り調べ、または処分について、検事総長に対して指揮権を発動できる（検察庁法14条）

1954（昭29）年4月20日、最高検察庁は造船疑獄の捜査を進めた結果、自由党幹事長佐藤栄作（のちの首相、ノーベル平和賞）に対する逮捕許諾請求を国会に提出しました。犬養健《たける》法務大臣は吉田首相の意向を受けて指揮権を発動し、佐藤逮捕を拒否しました。このため大型汚職事件の追及は頓挫して捜査は終結のやむなきに至りました。犬養法相は直ちに辞任。この年の12月には、第5次吉田内閣も総辞職しました。

追憶のひとびと――「ふせけん」と「巨悪は眠らせない」

法務省を担当していた若い政治記者だった頃、記者クラブの行事として小田原刑務所を見学する機会がありました。帰りに横浜地検・布施健検事正が中華街で美味しい晩飯をご馳走してくれました。温和な人格高潔の風情が感じられ、鬼検事とは真逆な印象でした。

ロッキード事件を捜査する最高責任者として、「躊躇しないで捜査を徹底してください。どんな事態が起きても私が全責任を負います」と訓示した第9代検事総長の「ふせけん」です。

当時の法務省会計課長に伊藤栄樹（第14代検事総長）がいました。記者クラブとの麻雀大会で、クンロク（最低の点数）でせこせこ上がる〝せこい人〟という感じでした。ところが「終戦後は食えなかったものだから、しばらくフランス語のエロ本を翻訳して稼いでいた」と大声で言うのを聞いて、結構、図太い人かなと思いました。

ロッキード事件の国会答弁で「巨悪は眠らせない」と言い放ったのちの刑事局長です。「宿命ある人」の人生には、それぞれに華があります。

ひとり・ソロを歌い続ける先輩記者がいた！

毎日新聞・倉重篤郎論説委員さま：ロッキード事件当時は、社会部だけでなく政治部も熱病に取り付かれていました。その頃、私が担当していた法務省記者クラブに、ただ一人でソロを歌たっている先輩記者（毎日新聞）がいました。アメリカ側贈賄容疑者の刑事責任を免責するのを条件に取り交わされる日米司法協力を合法と認めていいのか。最高裁判所が公式文書でアメリカに捜査協力を依頼することが許されるのか。重い症状の病人の臨床尋問は合法か、誰もがイケイケどんどんだった時代の風潮のなかで、捜査への政治介入を嫌い、法秩序の在り方を根本から問うていました。マスコミあげて熱病の折ですから、記事の扱いは紙面の隅に追いやられていましたが、私は貴重な見解として拝読していました。法務、検察幹部も密かにこの記者の記事には注目している様子でした。瀬戸さんとおっしゃたように記憶します。生きておいででしょうか。

浅野勝人さま：瀬戸さんですか。ひょっとして勢藤《せとう》修三さんのことではないでしょうか。

長いこと法務省を担当していた政治部記者で、その食い込み方は尋常ではなかったと聞いています。刑法改正の全文をスクープしたなど様々な伝説が残っている方です。私自身は一緒に仕事をする機会に恵まれなかった大先輩ですが、「ひとりソロを歌っていた」という浅野さんの表現を聞いて、私の頭脳に点滅した名前です。

勢藤さんは、ずいぶん前にお亡くなりになったはずです。

倉重篤郎さま：そうです、そうです、勢藤さんです。駆け出しの私から見てかなりの年配でしたから、亡くなられて久しいと存じ上げます。

多くの人から変わり者扱いされていましたが、駆け出しの私は秘かに尊敬しておりました。（２０１７年 新春）

イギリス空軍空将とＰ３Ｃ

１９９７年初夏、防衛政務次官の折、イギリス空軍空将の表敬訪問を受けました。五つ星（昔の元帥）の久間長官（現在は防衛大臣）が不在だったため、四つ星（昔の大将）の私の部屋においでになりました。

日本とイギリスは、四海を海に囲まれた島国という点で防衛政策に共通点が多いと意気投合して防衛論議が弾みました。「周辺海域の防御が重要という観点から、イギリス空軍は、今年、性能の優れたアメリカの対潜水艦哨戒機・P3Cを1機導入した」と得意満面に語りました。浅野次官は四つ星同士の大英帝国の空将に「日本はすでに20機買って任務に就いております」と面目をつぶすようなことは、とても言えませんでした。

現在のP3C保有台数は68機（1928年度版防衛白書）購入費は1兆円を超えています。世代もかわりロキード事件は遥か彼方の無縁の存在になりました。もっとも主要装備品は、戦闘機、輸送機のほかでは、P－1哨戒機、E－767早期警戒管制機に移っており、P3Cは昔話の仲間入りです。

ロッキード事件は、NHK政治記者だった若い頃の私の人生に深い思索の彩《いろどり》を添えてくれた摩訶不思議な想い出です。

作：宇治敏彦

〔監修〕浅野勝人（あさの・かつひと）一般社団法人・安保政策研究会理事長。早稲田大学第一政経学部卒業。ＮＨＫ政治記者、解説委員。１９９０年、衆議院議員、２００４年、参議院議員。防衛政務次官、外務副大臣、内閣官房副長官、自民党副幹事長を歴任。ＯＳＧ財団顧問。トーテックアメニティ（株）顧問。著書『北京大学講義録　日中反目の連鎖を断とう』（ＮＨＫ出版）ほか多数。愛知県豊橋市出身。

安保研リポート選集
手にしたい〝真心の政治〟

2024年3月31日　第1刷発行
2024年8月10日　第2刷発行

編　者　一般社団法人 安保政策研究会

監　修　浅野勝人

発行者　辻　一三

発行所　株式会社青灯社
東京都新宿区新宿 1－4－13
郵便番号 160－0022
電話 03－5368－6923（編集）
　　03－5368－6550（販売）
URL http://www.seitosha-p.co.jp
振替　00120－8－260856

印刷・製本　モリモト印刷株式会社

Printed in Japan
ISBN978－4－86228－130－2 C0031

小社ロゴは、田中恭吉「ろうそく」（和歌山県立近代美術館所蔵）をもとに、菊地信義氏が作成